本书系2023年北京市社会科学基金青年项目"□□□□□□□外教育资源优化配置研究"（批准□□□□□□□

公益性校外教育机构、学校与家庭协同育人的制度构建

王海平 著

南京大学出版社

图书在版编目(CIP)数据

公益性校外教育机构、学校与家庭协同育人的制度构建 / 王海平著. -- 南京：南京大学出版社，2025.2.
ISBN 978-7-305-29164-7

Ⅰ. G459

中国国家版本馆 CIP 数据核字第 20251D3W58 号

出版发行	南京大学出版社		
社　　址	南京市汉口路 22 号	邮　编	210093

书　　名　**公益性校外教育机构、学校与家庭协同育人的制度构建**
　　　　　GONGYIXING XIAOWAI JIAOYU JIGOU、XUEXIAO YU
　　　　　JIATING XIETONG YUREN DE ZHIDU GOUJIAN
著　　者　王海平
责任编辑　赵丽媛

照　　排　南京布克文化发展有限公司
印　　刷　苏州市古得堡数码印刷有限公司
开　　本　880 毫米×1230 毫米　1/32 开　印张 8　字数 173 千
版　　次　2025 年 2 月第 1 版　2025 年 2 月第 1 次印刷
ISBN 978-7-305-29164-7
定　　价　58.00 元

网　　址　http://www.njupco.com
官方微博　http://weibo.com/njupco
官方微信　njupress
销售咨询热线　025—83594756

* 版权所有，侵权必究
* 凡购买南大版图书，如有印装质量问题，请与所购
　图书销售部门联系调换

序言

自2020年党的十九届五中全会以来,协同育人机制建设逐渐成为政策热词、民生热议和理论热点。协同育人机制建设需要政府统筹、学校主导、家庭尽责、社会支持,以及教育理论研究的保障。教育理论工作者要承担起构建基于中国制度优势、文化优势、资源保障优势的协同育人理论体系,为中小学教师、家长以及广大社会教育工作者开展协同育人工作提供指导性原则和方法。

本书正是基于这一背景,以新制度主义社会学为理论视角,深入探索了公益性校外教育机构、学校与家庭协同育人制度的建构问题。作者通过对制度的规制、规范和文化—认知三个方面的细致剖析,为我们理解公益性校外教育机构、学校与家庭协同育人内生制度的形成及其各主体间的交互作用提供了有力的分析工具。在此基础上,本书通过广泛的文献收集、问卷调查和深度访谈等,对公益性校外教育机构、学校和家庭在协同育人中的政策话语变迁、组织规范变革和行动逻辑演进进行了深入的实证研究,形成了一个完整而系统的研究框架。每一章都紧密围绕公益性校外教育机构、学校和家庭协同育人制度的构建这一主题,既有一定理论深度,又有一定实践广度,为读者呈现了一幅生动的协同育人图景。此外,本书在制度创新研究部分,不仅梳理和归纳了协同育人制度建构的基本经验,还针对当前面临的挑战,提出了构建工作协商机制、资源整合机制和价值引领机制等三大关键机制的解决方案，为未来的实践探索提供了有益的参考和借鉴。

完善校家社协同育人机制是在建设高质量教育体系背景下提出的政策话语，也是深化教育领域综合改革的中国教育学话语表达。协同育人机制建设，育人是核心，协同是关键，机制是保障。我个人认为，在中国教育学话语体系中，协同育人机制的理论建设应该基于教育三重空间的同质性和异质性实现优势互补，主要体现在以下三个方面。

第一，基于养育、教育和教化关系各自的优势，实现功能互补。家庭侧重于以培养和教导为主要内容的养育，学校侧重于以教学为主的教育，社会侧重于以情境和直接经验为特点的教化。家庭、学校和社会构成促进儿童成长的三大系统且呈现出各自鲜明的特点。只有三者协调一致、协同育人，方能最大限度地促进儿童成长。

第二，基于生活教育、课堂教学和社会实践各自的优势实现育人方式的互补。我们要考虑到家庭养育的活动形式、学校的教育活动形式、社会环境的熏陶三方面教化方式的不同，发挥各自的优势。

第三，基于个体经验、系统知识和文化习俗各自的优势实现教育内容的互补。家庭侧重个体经验的传承，学校侧重系统知识的传授，社会侧重文化习俗的获得，把这样的优势发挥出来，我们就有可能实现育人效果的最大化。

本书的作者海平老师是我所招收的第一个博士研究生，也是当前我们研究团队的核心成员。他在本书中较好地继承和拓展了上述差异性优势互补构建理论话语体系,并在"公益性校外教育机构—学校—家庭"协同育人制度这一领域和问题中加以研究和实践。本书为我们深入理解和构建协同育人机制提供了一个有益的视角。我衷心推荐此书给所有关心教育事业,致力于协同育人制度构建的读者朋友们,开卷有益,相信大家一定能从中获得启示和收获。

康丽颖
首都师范大学学前教育学院教授、博士生导师,
教育部关工委家庭教育中心副主任兼秘书长、
北京市家庭教育研究会副会长
2024 年 12 月

前言

自1949年新中国第一所综合性、专门的少年儿童校外教育机构——大连市儿童文化馆(后更名为大连市少年宫)成立以来,公益性校外教育已经形成了覆盖全国各地的网络和体系。这里的公益性校外教育机构是指由政府投资、举办和管理的,在学校课程之外,对少年儿童开展有目的、有计划、有组织、可选择的多样化教育活动的专门教育机构,主要包括少年宫、青少年活动中心、儿童中心、青少年美术馆、青少年科技馆等。经过70余年的发展,公益性校外教育机构将校内外衔接、家庭参与、社区志愿服务等方面紧密结合,增强了全社会参与青少年教育的合力。以少年宫等为代表的公益性校外教育机构具有打通家校社协同育人"最后一公里"的潜能。[①]

2021年7月,《关于进一步减轻义务教育阶段学生作业负担和校外培训负担的意见》指出"发挥好少年宫、青少年活动中心等校外活动场所在课后服务中的作用","完善家校社协同机制"。同年10月,《中华人民共和国家庭教育促进法》中规定:图书馆、博物馆、文化馆、纪念馆、美术馆、科技馆、体育场馆、青少年宫、儿童活动中

---

① 刘钧燕.青少年宫:打通家校社协同育人的"最后一公里"[J].群言,2021(9):26-28.

心等公共文化服务机构和爱国主义教育基地每年应当定期开展公益性家庭教育宣传、家庭教育指导服务和实践活动,开发家庭教育类公共文化服务产品。党的二十届三中全会提出"教育、科技、人才是中国式现代化的基础性、战略性支撑",深化教育领域的综合改革,健全学校家庭社会协同育人机制,是统筹推进高质量教育体系与教育强国建设的重要保障,也是深入实施三大战略的重要体现。2024年,习近平总书记在全国教育大会上进一步强调指出社会协同力在建成教育强国中的重要支撑作用。当前,公益性校外教育机构如何更好地发挥独特职能,构建"公益性校外教育机构—学校—家庭"协同育人机制,是促进基础教育公共性回归、教育生态重构的创新路径,也是高质量教育体系建设和教育强国建设的突破点。本研究着力探索"公益性校外教育机构—学校—家庭"协同育人制度构建问题。

新制度主义社会学对制度的认识和分析具有较强的包容性,可以帮助我们理解内生制度的形成,以及其中各主体之间、主体与环境之间的交互作用。新制度主义社会学认为制度包括规制、规范和文化—认知三个方面的要素。规制性要素主要指具有制约性和调节性的政策、法律、法规等;规范性要素主要指规定行为目标及行为方式的规则;文化—认知要素主要指扎根于文化并由文化塑造的认知图式和共同行动逻辑。本书将以此为分析框架展开探究。

在研究方法方面,研究者借助国内外相关电子数据库、年鉴等收集学校家庭社会协同育人政策202部、校内外教育合作政策60部。同时,收集协同育人、新制度主义社会学等理论文献,以及先发国家与地区校外教育机构、学校、家庭协同育人机制建设相关研究文本。对重点政策进行系统分析，对相关理论进行诠释，对典型经验进行比较分析。研究者对北京市50家公益性校外教育机构教师及管理者开展电子问卷调查，收集有效问卷514份。问卷主要调查公益性校外教育机构与学校、家庭协同育人的活动组织形式和活动频率。此外，研究者对我国东部、西部和中部8个省34位校外教育工作者，以及10位学校教师进行了访谈。在访谈的公益性校外教育机构中，遴选隶属于教育行政部门、妇联、公益基金会的4个公益性校外教育机构的协同育人个案进行深入探究，以揭示公益性校外教育机构与学校、家庭协同育人的组织规范和行动逻辑。

本书的主要章节内容如下。

第一章为理论基础研究。主要从概念、政策、实践、关系等角度全面梳理公益性校外教育机构、学校与家庭协同育人研究的历史演变。以"双减"政策、《中华人民共和国家庭教育促进法》等新政策、法律为背景，阐明公益性校外教育机构、学校与家庭协同育人制度建构的时代问题。梳理家庭学校社会协同育人相关理论基础，并指出协同育人制度构建研究的趋势与取向。借助新制度主义社会学关于制度"规制—规范—文化认知"的三维划分，建立本书"政策话语变迁—组织规范变革—行动逻辑演进"三维分析框架，阐明研究思路与方法。

第二章为政策话语变迁研究。制度首先是一个规制系统。在调节和约束公益性校外教育机构、学校和家庭各主体之间的利益关系中，相关法律、法规和政策相继出台。研究以中央和地方相关政策文本为对象，从公益性校外教育机构与学校协同育人、公益性校外教育机构与家庭协同育人两个方面，探索协同育人政策的变迁轨迹。

第三章为组织规范变革研究。制度同时也是一个规范系统。人要在社会中生存，除了遵守相关法律、政策等"硬"的制度，还要根据自己在所处的社会环境中的地位、身份等角色意识，按照他人的心理预期和自己内在化的行为标准和道德准则做人行事。规范性要素包括价值观念和行为规范，前者指行动者偏好的观念及对现存结构或行为的价值判断，后者则规定相关资源的配置方式以及个体或群体行为的正当性。研究以文献资料、访谈、案例、问卷为依托，揭示公益性校外教育机构与学校、家庭协同育人中社会对各方的责任期待，以及在相应责任期待下协同育人活动开展的方式与措施，同时关注协同育人活动组织的特征与困境。

第四章为行动逻辑演进研究。制度不仅是政策、规范，还是人们的认知与文化的集合，人们行动的逻辑即是重要的体现。研究主要以访谈和案例的方式展开，从行动者角度考察与勾勒公益性校外教育机构与学校、公益性校外教育机构与家庭协同育人行动背后的逻辑。

第五章为制度创新研究。基于制度三大要素的探索与分析，梳理和归纳公益性校外教育机构、学校与家庭协同育人制度建构的基本经验，揭示当前面临主要挑战，构建促进"公益性校外教育机构—学校—家庭"协同育人制度的工作协调机制、资源整合机制、价值引领机制三大关键机制，并提出支持性的策略建议。

目录

第一章 公益性校外教育机构、学校与家庭协同育人的理论基础与制度逻辑 /001

第一节 公益性校外教育机构、学校与家庭协同育人研究的历史演变 /003

一、校外教育概念的演变 /004

二、发达国家校外教育机构、学校、家庭协同育人政策与实践的发展 /007

三、校外教育机构、学校、家庭关系研究的进展 /020

第二节 公益性校外教育机构、学校与家庭协同育人制度建构的时代问题 /029

一、"双减"政策深化落实提供的机遇与挑战 /030

二、家庭教育指导服务推进带来的要求与契机 /031

第三节 新制度主义社会学的理论启示与分析框架 /036

一、家校社协同育人理论基础的演进及制度指向 /036

二、研究思路与方法 /041

第二章 公益性校外教育机构、学校与家庭协同育人的政策话语变迁 /049

第一节 公益性校外教育机构与学校协同育人的政策话语变迁 /051

　　一、围绕主题活动的校内外教育结合的初步探索 /051

　　二、推进校内外教育基于课程的有效衔接 /056

　　三、促进校内外教育基于立德树人的全面融合 /074

第二节 公益性校外教育机构与家庭协同育人的政策话语变迁 /078

　　一、借助公益性校外教育机构解决儿童课后家庭照护的尝试 /078

　　二、推动公益性校外教育资源向家庭免费或优惠开放 /081

　　三、拓展公益性校外教育机构家庭教育指导服务职能 /085

第三章 公益性校外教育机构、学校与家庭协同育人的组织规范变革 /087

第一节 公益性校外教育机构与学校协同育人的组织规范变革 /089

　　一、补充的责任期待与"活动入校""请入场馆"的活动组织方式与措施 /091

　　二、衔接的责任期待与课程孵化的活动组织方式与措施 /113

　　　　三、协同的责任期待与项目培育的活动组织方式与措施 /121

第二节　公益性校外教育机构与家庭协同育人的组织规范变革 /126

　　　　一、延伸的责任期待与提供课后照护的活动组织方式与措施 /127

　　　　二、互补的责任期待与家委会建设的活动组织方式与措施 /131

　　　　三、纽带的责任期待与家庭教育指导服务的活动组织方式与措施 /141

第四章　公益性校外教育机构、学校与家庭协同育人的行动逻辑演进 /167

第一节　公益性校外教育机构与学校协同育人的行动逻辑演进 /169

　　　　一、个人关系铺垫 /169

　　　　二、制度组织保障 /172

　　　　三、文化符号同构 /177

第二节　公益性校外教育机构与家庭协同育人的行动逻辑演进 /183

　　　　一、提供支持与服务 /183

　　　　二、共同组织与管理 /185

　　　　三、融合知识与理念 /188

第五章　公益性校外教育机构、学校与家庭协同育人的制度构建路径　/195

第一节　公益性校外教育机构、学校与家庭协同育人制度演进的基本经验　/197

　　一、协同育人机制构建的动力源自强制性变迁与诱致性变迁相统一　/197

　　二、协同育人机制构建的持续需要组织影响与文化认同相协调　/200

第二节　公益性校外教育机构、学校与家庭协同育人制度构建面临的主要挑战　/201

　　一、政策上对公益性校外教育机构规定不足　/201

　　二、规范上各组织间整合与协调不够　/202

　　三、认识上教育整体性与全面性视角缺乏　/203

第三节　"公益性校外教育机构—学校—家庭"协同育人制度关键机制构建策略　/205

　　一、政策驱动：构建以沟通协商为基础的工作协调机制　/206

　　二、组织保障：构建以利益互补为核心的资源整合机制　/209

　　三、认知导向：构建以活动育人为特色的价值引领机制　/215

参考文献　/225

第一章

公益性校外教育机构、学校与家庭协同育人的理论基础与制度逻辑

随着教育的发展,在系统化、正规化的学校之外,出现了少年宫、青少年教育活动中心、综合实践活动基地、青少年科技馆、青少年美术馆等专门从事校外教育的公益性机构。孩子们积极投身于课堂之外的丰富校外活动,这已成为国内外普遍的现象。当前,在"双减"政策、《中华人民共和国家庭教育促进法》、教育部等十三部门《关于健全学校家庭社会协同育人机制的意见》等相关政策法律颁布和推进背景下,公益性校外教育机构支持协同育人的价值和作用日益凸显。本部分通过回顾公益性校外教育机构、学校与家庭协同育人研究的历史演变,为进一步探讨奠定基础。通过分析公益性校外教育机构、学校与家庭协同育人制度建构的时代问题,澄清本研究的问题和价值。通过阐释家校社协同育人的理论基础和新制度主义社会学理论要义,为研究建立分析和解释框架。

第一节 公益性校外教育机构、学校与家庭协同育人研究的历史演变

在世界范围内,人们对校外教育及其与学校、家庭等关系的系统化认识和规模化实践始于20世纪初。回顾百余年的概念演变、实践发展和研究历程,对回答我国新时代公益性校外教育机构、学校、家庭协同育人制度建构问题有重要意义。

一、校外教育概念的演变

(一) 国外校外教育概念的提出与发展

1930年,日本学者松永健哉首次提出校外教育概念。[①] 1948年,日本《社会教育法》将校外教育归为社会教育范畴,将社会教育界定为:"除去遵照学校教育法(1947年法律第26号)作为学校的教育课程开展的教育活动以外,主要以青少年以及成人为对象所进行的有组织的教育活动(包括体育及娱乐活动)。"[②]

1948年,苏联教育家凯洛夫首次对校外教育做出理论概括,指出校外教育是由专门的校外教育机构对儿童实施的教育活动。[③] 凯洛夫在其著作《教育学》中,专列一章讨论校外教育。凯洛夫认为校外教育是"对于学校所进行的课内作业的必要补充,并具有巨大的教学、教养的和教育的意义"。[④]

1985年,联合国教科文组织的Philp H. Coombs较早区分了正规教育与非正规教育。正规教育即学校教育,而非正规教育指"任何在正规教育体制以外进行的,为人口中的特定类型、

[①] 中国教育学会少年儿童校外教育专业委员会.现代校外教育论[M].北京:中国少年儿童出版社,2001:2.
[②] 夏鹏翔.日本战后社会教育政策[M].北京:社会科学文献出版社,2008:238-239.
[③] 凯洛夫.教育学[M].沈颖,等译.人民教育出版社,1953:423.
[④] 凯洛夫.教育学[M].沈颖,等译.人民教育出版社,1953:423.

成人及儿童有选择地提供学习形式的有组织、有系统的活动"。[①] 校外教育属于非正规教育,一方面强调"学校教育之外""学校课程开展之外""学校日常课表以外""正规教育体制以外";另一方面强调"有组织的活动"。这两点恰好体现了非正规教育的特征,即非正规教育是有组织的,以便和自发的非正式教育相区别;非正规教育在内容、方式等方面更具有灵活性,以便和正规教育相区分。

此后,学者们基本上从社会教育、专业机构开展的特定活动、非正规教育三个视角延续了对校外教育的理解和认识。

(二) 我国校外教育概念的引入与界定

1950年,校外教育概念通过《克鲁普斯卡娅论校外工作》一文引入中国。随后学者们主要沿着三个侧重点理解和界定校外教育概念。其一是专门实施机构。如沈明德认为:校外教育指"专门以中小学生为对象的各种校外教育机构、单位和部门,在校外向青少年儿童,有目的、有计划、有组织地施加影响的过程和结果"。[②] 其二是非正规教育制度。如谢维和认为,可以把正规教育看作学校教育,把非正规教育和非正式教育看作社会教育,包括与学校教育相对应的各种校外教育,如文化馆、文化宫、少年宫等。这里的非正规教育指的是不管教育形式如何,学生

[①] 菲力浦·库姆斯. 世界教育危机:80年代的观点[M]. 赵宝恒,李环,等译. 北京:人民教育出版社,1990:24-25.

[②] 沈明德. 校外教育学[M]. 北京:学苑出版社,1989:17.

需要通过报名注册方可上学的教育。[①] 其三是社会教育。如张良训指出,青少年社会教育是社会机构、社会组织和个人,在学校和家庭以外场所进行的、促进青少年成长发展的社会活动。社会教育主要包括机构教育、社区教育、传媒教育。其中机构教育即由青少年宫、博物馆等社会教育机构开展的社会教育。[②]

此外,学者们还从广义和狭义校外教育概念来理解校外教育。最广义的校外教育是指影响学生身心发展的一切具有教育意义的校外活动,是社会教育的重要组成部分,与广义的教育和社会教育无多大差异。[③] 一般广义的校外教育指一切存在于学校之外并且有特定组织实施的有计划的教育活动。狭义的校外教育则主要是指在特定的机构或场所,如少年宫、青少年活动中心、儿童图书馆、少年科技馆等内有目的、有组织开展的针对中小学生的教育活动。[④]

本研究主要探讨公益性校外教育机构、学校和家庭协同育人的制度构建,从机构角度解释校外教育,并在其与学校和家庭的关系中进行探讨。因此本研究从狭义的层面界定校外教育。公益性校外教育指由政府投资和举办的,在学校课程以外,对少年儿童开展有目的、有计划、有组织、可选择的,旨在促进受教育者身心发展的教育活动,与民办营利性的校外培训相区别。其

---

① 谢维和.教育活动的社会学分析:一种教育社会学的研究[M].北京:教育科学出版社,2000:256.
② 张良驯.青少年社会教育学[M].北京:人民教育出版社,2017:42-45.
③ 侯怀银,雷月荣."校外教育"解析[J].教育科学研究,2017(5):27-31.
④ 谷丽萍,吴鲁平.中国青少年校外教育政策内容分析与绩效评估[M].北京:中国少年儿童出版社,2005:7.

实施主体主要包括少年宫、儿童中心、青少年科技馆、青少年美术馆等专门机构。

二、发达国家校外教育机构、学校、家庭协同育人政策与实践的发展①

(一)美国相关政策与实践

1990年,布什总统在弗吉尼亚州召开了第一次教育高峰会议,美国各州的州长参加了此次教育高峰会议,这是一次具有划时代意义的会议。因为在美国,教育管辖权一般归地方州政府,而非联邦政府。但这次会议后,布什总统与各州州长一致认为有必要制定全国性的教育目标。此次教育高峰会议提出了到2000年美国教育改革应达到的六项目标。这六个目标成为日后《美国2000:教育战略》的重要组成。为实现这六个目标,政府又形成了四项战略。其中两项战略指出:对于那些已经离开学校进入劳动力行业的人而言,如果要在当今世界上成功地生活和工作必须学习不止。要把一个"处于危急中的国家"变为一个"全民皆学之邦"。为了保证学校取得成功,要超越课程,把眼光放到社区和家庭上,学校绝不会比其所在的社区所承担的教

---

① 本部分内容参考了作者《校内外教育协同育人政策的话语研究》部分相关内容,参见:王海平. 校内外教育协同育人政策的话语研究[M]. 北京:中国财政经济出版社,2024:1-15.

育义务好得多,每个社区都要成为可以进行学习的地方。[1] 可以看出,这两项战略为构建终身教育体系和学习型社会而服务,为日后校外教育计划奠定了基础。

20世纪90年代中期以来,随着美国社会环境的变化,学龄儿童如何有效利用自己的课外时间引起越来越多的关注。各种校外项目和政策不断涌现,如日间看护项目、爱默生学习发展计划、21世纪社区学习中心等。为了弥补农村学校正规科学教育的不足,校外教育对学校教育起到了延伸和补充的作用。农村学校开展了远程教育项目,创办青少年4-H俱乐部,组织实施了科学探究训练活动、暑期夏令营活动、STEM主题活动和科学实践活动等。[2]

在上述各种校外活动中,"21世纪社区学习中心"是由联邦政府资助的一项重要的课外活动计划,也是现阶段美国中小学校外学习项目的典范之一。建立"21世纪社区学习中心"计划是美国克林顿政府推出的一项重要政策,旨在为中小学生提供一个放学后安全的学习场所。早在1998年1月7日克林顿就公开宣布:"我们必须让每一个孩子在放学后都有一个安全并且对其身心有益的去处。我计划将现有的课前和课后辅导计划方案予以扩充。希望能帮助更多儿童对毒品、酒精和犯罪说'不',

---

[1] 李敏.美国教育政策问题研究:以20世纪80年代以来基础教育政策为例[D].上海:华东师范大学,2006:51-53.
[2] 魏晓东,于海波.美国青少年校外科学教育活动研究[J].科学与社会,2020,10(3):32-44.

而对读书、足球、计算机及光明的美好未来张开双臂欢迎。"①

2002年1月《不让一个儿童落后》法案的颁布和实施意味着所有的州都被纳入"校外活动"这一体系中,所有的儿童和青少年都能参加到"校外活动"中来。《不让一个儿童落后》法案中指出:这一法案的目的之一是巩固和落实"学校安全和远离毒品计划"和"21世纪社区学习中心计划"的拨款。学校可以将联邦资金用于增加课后学习机会和防治暴力与毒品行动中。② 至此,21世纪社区学习中心也被正式列入法案。随着《不让一个儿童落后》法案的推行,包括"21世纪社区学习中心"在内的校外活动由此获得了进一步的发展,成为美国公共服务系统中一个非常重要的组成部分。

一个典型的小学生社区学习中心一周开放五天,每天三个小时。每天大约会有120名学生到中心参加活动。开始的75分钟是作业前的甜点时间,第二个时段由合格的持证教师监督和指导孩子们的学习,帮助他们完成自己的作业。在第三个时间段,孩子们可以参加自己喜欢的活动。中心会将学生分组,安排手工、舞蹈、绘画、健身等活动,由一组特定教师辅导。在周五,学生们有40分钟的自由活动时间,他们可以选择打篮球或是其他娱乐项目。③

---

① 董秀兰.美国21世纪社区学习中心计划研究[D].武汉:华中师范大学,2009:10.
② BUSH G W. No Child Left Behind[EB/OL]. (2014-4-2)[2024-04-29]. http://ishare.iask.sina.com.cn/download/explain.php?fileid=20315070.
③ 王洋,孙志远.挽救放学后的童年:解析美国中小学课外计划[J].基础教育,2011,8(1):126-129,121.

在项目经费方面，美国政府是主要的担负者。至2019年，美国政府每年为21世纪社区学习中心的拨款达12亿美元，每年新增项目数超过50个，平均每个项目拨款2 000万美元以上，新增项目的资助金额在71万美元至1亿5 000万美元之间。[1]

在项目管理方面，一些州已形成一套相对成熟的项目调控体系。例如，佛罗里达州政府于2020年颁布的21CCLC的项目申请指南分为9个章节，分别是总则、项目开发及指导、项目评估及指导、财务与行政要求、工作范围及记录、自我评估要求、项目预算、项目申请流程和项目成果反馈。在指南的项目申请流程部分，佛罗里达州政府明确要求提出项目申请的组织通过相关网站系统上传申请表、声明书、保证书、预算表、保险证明、自我评估表等文件，以及保育许可证、时间安排表、组织结构图等附件。[2] 项目申报成功后，各机构也要严格按照联邦和州政府的要求组织实施和进行评估。

（二）苏联与俄罗斯相关政策与实践

1917年苏联教育人民委员部就成立了专门的校外教育管理部门，校外教育被正式列入国家的基础教育体系。1919年第

---

[1] U. S. Department of Education. 21st Century Community Learning Centers[EB/OL]. (2019-06-04)[2024-04-29]. https://www2.ed.gov/programs/21stcclc/funding.html.

[2] Bureau of Family and Community Outreach. Request for Application (RFA) for Discretionary, Continuation Projects[Z]. Tallahassee：Florida Department of Education, 2020：30.

一届全俄校外教育代表大会通过了《俄罗斯苏维埃联邦社会主义共和国校外教育事业组织条例》,使苏联校外教育发展更加规范化。[①] 1966年,苏共中央和苏联部长会议提出《关于进一步改善普通教育学校的工作的决议》,制定了一系列旨在提高教育工作质量的措施。其中之一就是规定由学校的一名副校长担任课余和校外工作的组织者工作,全面负责领导和组织这项工作。[②] 这一政策使得苏联学校教育与校外教育的衔接在制度上得到了保障。1985年,苏联政府颁布了《苏联国民教育立法纲要》,其中第八章内容规定:建立校外教育机构网,按居住点进行教育工作。[③] 此时,苏联校外教育已经网络化,并深入居住点。

在苏联,校外教育由学校、校外教育机构和社区共同承担,相互衔接。如利波茨克第24中学,把学校搞的兴趣小组、少先队集会、选修课等活动办到了"院子俱乐部"。此外,在平时和假日里,学校也经常开展各种校外活动,不少社会人士、家长都成了教师的助手。虽然学校是教育的中心,但仅靠学校难以很好地解决学生课外空闲时间的各种问题。学生更多的课余时间是花在社区之中的。因此,在学生居住地开展综合性的校外教育是一个很重要的环节。如摩尔达维亚把城市分为八个小区,在每个小区里设立一个思想教育委员会。思想教育委员会将地处

[①] 张立岩,姜君.俄罗斯补充教育的发展和特色探析[J].外国中小学教育,2011(1):52-56.

[②] 佘宗美.苏联普通学校的课余和校外教育系统[J].苏联问题参考资料,1986(1):49.

[③] 王世明.校外教育学[M].北京:学苑出版社,2002:29.

小区范围之内的俱乐部、图书馆、学校等文化教育机关作为开展教育工作的据点。由市派往区党委的协调委员会统一领导多方面的活动。[①]

苏联解体后,原有的校外教育体系基本保留了下来,并更名为"补充教育"。1992年俄联邦《教育法》首次在官方文献中提出"补充教育"这一术语。其中,第26条明确指出补充教育的目的是开发人在智力、精神、身体等各方面的潜能,发展创造力。其框架内的各种大纲与服务应该全方位满足国家、社会及公民的教育需求。[②]经过多年的发展,俄罗斯补充教育形成比较完备的体系,约有17 600个市立和国立青少年补充教育机构和24万个补充教育机构与其他教育组织的联合体;有1 090万名儿童在补充教育体系中从事艺术与科技创造,参与科学研究和运动休闲等活动。[③]俄罗斯在借鉴国际经验和继承民族教育传统的基础上,出台了一系列补充教育政策,包括《2010年前儿童补充教育现代化构想》《2002—2005年儿童补充教育体系发展的跨部门联合纲要》及《2010年前儿童补充教育体系发展的跨部门联合纲要》等。

俄罗斯补充教育的对象既包括普通儿童,也特别关注天才儿童。早在2008年底,俄罗斯教育科学部出台的《教育与创新

[①] 金宗美.苏联青少年校外教育的几种措施[J].苏联问题参考资料,1981(4):12-14.

[②] 张立岩,姜君.俄罗斯补充教育的发展和特色探析[J].外国中小学教育,2011(1):52-56.

[③] 李静.俄罗斯儿童补充教育发展经验及启示[J].首都师范大学学报(社会科学版),2021(2):182-188.

经济的发展：2009—2012年推广现代教育模式》方案提出，要扩大补充教育的规模。在2012年之前，每个学生将获得每周2小时时间，来进行课外大纲要求的活动；到2020年，这一时间将增加到每周不少于6小时。俄罗斯设定的补充教育发展目标是，将5岁至18岁学生可以获得免费补充教育的比例由原来的27%提高到40%；将14岁至25岁接受"为天才儿童和青年提供的补充教育服务"的人数比例由原来的12%提高到22%。① 俄罗斯政府在21世纪第二个十年开始创新天才儿童补充教育模式，在总统普京的支持下，于2014年12月24日在索契成立了致力于发展俄罗斯科学、体育和艺术的"人才与成功"教育基金会。第二年该基金会在充分利用索契冬奥会基础设施的基础上成立"天狼星"教育中心。该中心的核心任务是将发现并免费培养艺术、体育、自然科学、技术创造领域的天才儿童，并促进其未来职业发展。② 尽管培养对象是天才儿童，但这类拔尖创新人才培养机制仍然注重公平与科学性。例如，"天狼星"教育中心采用"标准选拔＋先学习后识别"模式，面向全联邦开放申请，经选拔获得培训机会，稍有差距未通过的学生也会得到地区中心培训的机会。③

俄罗斯的校外教育除了由专门的补充教育机构承担外，也

---

① 杜岩岩.俄罗斯儿童接受补充教育[N].中国教育报,2009-7-28.
② 朋腾,肖甦.俄罗斯天才儿童补充教育的新型模式研究[J].比较教育研究,2020,42(9):37-44.
③ 肖驰,Nazina Yulia.设立校外拔尖创新人才专门教育机构的俄罗斯经验及思考[J].全球教育展望,2023,52(4):87-97.

由学校承担。在一些普通学校内部也通过组织各种兴趣小组、实验室和俱乐部定期进行补充教育活动,这些活动通常成为一个更新和探索基础教育的开放领域,很多研究内容被逐步列入学校正式的教学计划当中。①

在俄罗斯,校外教育经费主要依靠各级政府财政投入,校外教育基本上是免费的。除财政预算外,许多专项计划都对校外教育提供支持,如"俄罗斯发展教育的联邦计划"中每年拨专款发展活动基地,总统计划"俄罗斯的孩子们"中针对特长儿童提供经费支持,发放专项奖金和助学金等。同时,鼓励利用各方资金发展校外教育。俄罗斯由于1991年以来财政紧张,拨款不足,也允许开设一些收费项目,但目前95%以上的项目仍是免费的。② 截至2017年,俄罗斯已在9个联邦实施"儿童个性化资助方案",即持有"补充教育券"的学生可以在任何地区任何类型的教育机构免费学习补充教育项目,也可以参与在中小学教育机构开设的免费兴趣班等。③

(三) 日本相关政策与实践

日本校外教育最显著的特征,就是法律定位明确。在日本,校外教育归属为社会教育。1947年颁布的被称为宪法姊妹篇的《教育基本法》规定:"国家和地方公共团体必须大举奖励社会

---

① 杜岩岩. 俄罗斯儿童接受补充教育[N]. 中国教育报,2009-7-28.
② 高彦明. 俄罗斯和英国的校外教育[N]. 中国教育报,2004-2-4.
③ 李静. 俄罗斯儿童补充教育发展经验及启示[J]. 首都师范大学学报(社会科学版),2021(2):182-188.

教育,通过利用图书馆、博物馆、公民馆和其他社会教育设施、学校设施、提供学习机会和信息等适切的方法,努力达到教育目的的实现"。① 1949年6月颁布的《社会教育法》(日本校外教育管理的总法)对"社会教育"的定义是:在学校教育课程之外所举行的、主要针对青少年和成年人的有组织的教育活动。② 在日本法律中校外教育在整个教育体系中与学校教育处于并列发展的地位。此后,日本又相继于1950年颁布了《图书馆法》、1951年颁布了《博物馆法》等相关社会教育的法律。这三部法律统称为"社会教育三法"。随着终身学习社会的来临,1990年6月日本国会通过《终身学习振兴法》;2006年12月22日,日本《教育基本法》修正案获得通过,其中新增了"终身学习理念"条目。这些都是对"社会教育三法"的补充和完善,使日本校外教育更加法治化。

日本在近代教育形成之初就构建了学校教育与社会教育并行的基本法制和实践体系,并逐渐形成了"学社融合"的发展理念和实践。"学社融合"是"学社联合"的深化和拓展。早在1974年,文部省社会教育审议会的《针对在学青少年进行之社会教育的应有状态》中就指出:"家庭教育、学校教育、社会教育在发挥其各自教育机能的同时,还必须承担相互联合、相互补充的任务,从综合化的观点出发构想整个教育体系。"③ 1979年

---

① 王晓燕.日本校外教育发展的政策与实践[J].国家教育行政学院学报,2009(1):90-95.
② 王晓燕.日本校外教育发展的政策与实践[J].国家教育行政学院学报,2009(1):90-95.
③ 施克灿.浅析日本的"学社融合"论[J].外国教育研究,2002(9):6-10.

6月,当时日本新潟县的社会教育课课长工藤智规曾在《新潟社会教育》的观点栏上写道:"从联合到融合——类似戏言的话。"虽然从副标题可知这也许是工藤先生灵光一现的想法,但他又坚信:"人类历史上有许多实现梦想的方法。我的戏言难道就不能成为现实吗?"[1]1995年,日本文部省发布《关于改善国立青年之家、少年之家的调查报告》。该报告提出今后青少年教育设施的发展方向要以"学社融合"为基本目标。报告指出,在终身学习社会中要全方位地发挥青少年教育设施的教育职能,学校教育和社会教育必须"通过相互融合的方式,共同完成培养青少年的目标"。今后,"学校和学校之外的教育不能再局限于在分别承担各自的职责基础上的彼此结合,更为需要的是两者在相互重叠中的不断融合,这才是两者最为自然的关系。"为了实现这种"学社融合",属于社会教育范畴的青少年教育设施必须突破现有的狭隘框架,努力拓展能够全方位地发挥其教育机能的教育项目,积极谋求学校教育的理解,"通过学社融合努力探索新的青少年养成之路"。[2] 由此"学社融合"在政策中被正式提出。1996年,日本生涯学习审议会的报告《有关充实地域终身学习机会的方法》进一步推动了"学社融合"。报告对"学社融合"的概念、与"学社结合"的区别、实现途径等进行了规定。

日本校外教育的行政权在都道府县和市町村的教育委员会。根据《社会教育法》,校外教育的行政管理以都道府县和市

---

[1] 施克灿.浅析日本的"学社融合"论[J].外国教育研究,2002(9):6-10.
[2] 裘晓兰.从"结合"走向"融合":日本"学""社"关系的理论建构和实践经验[J].教育发展研究,2012,32(20):50-56.

町村级的地方教育委员会为主，国家主要通过制定政策措施、提供财政资助、发布统计信息资料、开展调查研究等方式来指导并推动地方校外教育事业的发展。市町村的教育委员会根据该地区的需要，在预算范围内，负责具体事项的管理。而具体执行方式以社区为切入点。① 以社区为载体，整合公民馆、图书馆、学校设施等各种教育资源，是日本校外教育实施的基本立足点。其中尤其以公民馆与学校融合的实践和研究更具典型性。因为公民馆是自1946年起在文部省的积极倡导下开始创设的日本社会教育的核心设施。在公民馆与学校合作的具体内容方面，松原治郎进行了较为全面的归纳：①组织居民进行乡土教育；②实施日常生活体验及义务支援活动；③地区社会中进行劳动体验等生活体验活动；④在地区活动中进行儿童生活教育；⑤将学校设施对社区开放，确保社区居民、放学后的儿童活动的自由性和安全性；⑥学校教师积极参与地区居民进行的社区教育规划；⑦在学校教育中反映地区居民的建议；⑧学校为社区培养人才。②

日本社会教育经费主要由地方政府拨款，其百分比高达98%。中央拨款仅占2%，主要用于中央机构的费用。2002年，日本社会教育费为25 147.96亿日元，中央拨款为578.19亿日元，占2.3%；市镇村为20 299.89亿日元，占80.72%；都道府县

---

① 王晓燕.日本校外教育发展的政策与实践[J].国家行政学院学报，2009(1)：92-95.

② 马丽华，杨国军.公民馆与其他机构合作形态研究[J].日本问题研究，2008，22(2)：33-37.

为 4 269.77 亿日元,占 16.98%;学校法人等为 11 万日元。日本的社会教育经费主要投到公民馆、图书馆、博物馆、体育设施,以及其他一些项目(青少年教育设施、妇女教育会馆、文化会馆、文化遗产保护等)。2002 年,公民馆的费用是 3 429.97 亿日元,占 13.64%;图书馆的费用是 3 497.21 亿日元,占 13.91%;博物馆的费用是 2 904.55 亿日元,占 11.55%;体育设施的费用是 6 984.94 亿日元,占 27.78%;其余各项 8 331.3 亿日元,占 33.13%。[1]

近年来,日本宽松教育政策导致学力下降和教育不公平等问题。在对宽松教育政策的反思和修正的大背景下,日本学习塾与公立学校合作成为趋势。自 2005 年起,东京、大阪等地部分学校就开始自发地与学习塾开展合作,至 2013 年,随着文部科学省《学校教育法施行细则》的修订和"星期六教育活动"的实施,塾校合作开始在全国范围内展开。[2] 日本政府支持并引导学习塾与学校教育开展合作,例如派遣学习塾讲师提供课余辅导,允许学习塾涉入学校运营,开展学习塾面向学校教师的研修培训;同时,学校可以引入学习塾的教材和教学方法,创建"免费塾""公费支援型学习塾"等新样态学习塾。[3] 伴随与学校教育的协作,日本学习塾逐步走向公益性和多元化。

---

[1] 周谊.近 50 年日本的社会教育经费及其使用效果[J].学术研究,2004(4):122-124.

[2] 韩立冬.日本的塾校合作及其启示[J].教学与管理,2019(31):80-82.

[3] 李冬梅.日本校外培训机构与学校教育协同发展机制研究[J].比较教育研究,2022,44(3):37-44.

(四）发达国家校外教育机构、学校、家庭协同育人政策与实践的主要特征

第一，健全的校外教育法制体系与管理体制。对于校外教育及其协同发展，日本有着明确的法律定位，并相继颁布了《社会教育法》《图书馆法》《博物馆法》社会教育三法。日本从法律上保障了校外教育在整个教育制度体系中，与学校教育处于并列地位。这使得日本校外教育发展，以及校外教育与学校教育、家庭教育的协作具有法律依据。苏联则有着明确的校外教育管理机构和组织。1917年苏联教育人民委员部成立的专门的校外教育管理部门、颁布的相关政策，以及克鲁普斯卡娅、凯洛夫、珀鲁恩斯基、马卡连柯等著名教育家在理论上的积极推动，使苏联迅速形成了完整的少年宫网络，并陆续创建了各种校外机构。

第二，政府、学校和社区等共同参与校外教育。一方面，政府在推动校外教育发展中都起着主导作用。例如，美国21世纪社区学习中心项目，从1998年到2002年，联邦投入从4 000万美元增加到10亿美元，使得全国2 250个学区的7 000所公立学校享受到政府的财政支持。[①] 而在日本，国家主要通过制定政策措施、提供财政资助、发布统计信息资料、开展调查研究等来指导并推动地方校外教育事业的发展。都道府县和市町村具

---

① 王洋,孙志远.挽救放学后的童年:解析美国中小学课外计划[J].基础教育,2011(1):126-129.

体负责校外教育的设置和管理。另一方面,学校和社区都是校外活动的承担主体。以美国的公立小学为例,全国49 700所学校中有56%参与了课外活动计划。[①] 据统计,1993年日本93.5%的小学以不同形式向地域开放,充实校外教育设施。[②] 社区作为儿童日常生活的空间,对他们有着直接和间接的影响,与校外教育活动有着天然的联系。无论美国的"21世纪社区学习中心"计划还是日本的"学社融合"都将社区作为校外教育开展的重要主体。

第三,对校外教育及其协同发展进行系统化、持续化的评估。"21世纪社区学习中心"计划对美国校外教育起到了重要的推动作用。相关机构和学者们对这一项目的影响和效果进行了较系统、深入和持续的评估。21世纪社区学习中心官方网站会定期发布对整个项目的评估报告。这些报告对项目的资金、人员、时间、合作对象、参与者发展情况等做了全面的评估。

三、校外教育机构、学校、家庭关系研究的进展

(一) 国外相关研究进展

1. 学校教育与校外教育关系探讨

近些年来,随着校外教育的发展,国外学者对学校教育与校

[①] 王洋,孙志远.挽救放学后的童年:解析美国中小学课外计划[J].基础教育,2011(1):126-129.

[②] 中国儿童中心.互补视角下的未成年人思想道德建设研究[M].北京:中国妇女出版社,2008:84.

外教育关系进行了系统的研究。Kleiber 和 Powell 以历史为线索,梳理了学校教育与校外教育的发展。他们指出,20 世纪 80 年代以来,随着美国经济的衰退和学校教育面临的挑战,学校教育出现了"回归基础"的趋势,更加注重学术成就。而当学校教育以学术表现为首先的追求目标时,校外教育与学校教育之间可以存在五种关系。[①]

第一种,校外教育直接地支持学校的学术任务。校外教育培养可以与课堂情境直接对接,或者为课堂学习提供练习和应用的机会。

第二种,校外教育作为学校教育的补充(compensatory),间接地支持学校的学术任务。例如,校外教育提供可以使学生放松的活动,并且这种活动有利于学生的课程学习。

第三种,校外教育与学校教育互补(complementary),它关注青少年的发展。这种校外教育有助于青少年其他方面的发展,而这些发展不能在学校教育中获得。例如,这些方面包括社会问题的解决、战略规划和组织能力、领导力培训等。

第四种,校外教育可能具有破坏性,它对青少年的学业成就或其他任务起到破坏性作用。

第五种,校外教育具有中立性,它对青少年学业成就以外的其他方面的发展没有正面或负面的影响。

---

① KLEIBER D A, POWELL G M. Historical change in leisure activities during after-school hours[M]//MAHONEY J L. Organized activities as contexts of development: extracurricular activities, after-school and community programs. New Jersey: Lawrence Erlbaum associates. Inc. ,2005:48.

2. 校外教育机构与家庭、学校、社区合作的模式探究

以哈佛大学 Gil G. Noam 等(2003)为代表,通过大量调查,对美国学校教育与校外教育衔接模式等问题进行了研究。Gil G. Noam 等认为,学校文化与家庭、社区文化的矛盾并不必然导致学生学业的失败,校外教育可以有效地调节学校文化与家庭、社区文化的矛盾。校外教育是沟通学校、家庭、社区的桥梁。"校外教育允许成年人与儿童建立深度的关系,它能邀请家庭和社区共同参与到活动中来,并且有能力与学校保持联系;因此,校外教育作为连接儿童复杂环境的中心环境,具有潜在的功能。"

学校教育与校外教育衔接表现为三种形式,即人际的、课程的和系统的。人际的方式主要基于学校与校外教育机构人员之间互惠的信息分享和交流。课程的形式主要基于校内外清晰的课程目标和持续的课程发展。系统的衔接则是基于制度的,双方共同参与管理和分享资金。学校教育与校外教育衔接的程度可分为五种,即自我包含的(self-contained)、关联的(associated)、协调的(coordinated)、整合的(integrated)、统一的(unified)。[1]

近期研究还探讨了课后服务中图书馆、校外教育机构与学校建立伙伴关系和共享资源的模式。98%接受调查的课后项目都认为与公共图书馆合作带来了益处。然而,图书馆与校外教育项目的合作伙伴关系也面临着访问的便利性和后勤保障、沟

---

[1] NOAM G G, BIANCAROSA G, DECHAUSAY N. Afterschool education: approaches to an emerging field[M]. Cambridge: Harvard Education Press, 2003: 11-26.

通、方案、人员能力等方面的挑战。①

3. 对公益性校外活动效果的循证评估研究

以美国 21 世纪社区学习中心项目为代表,一些研究通过定量和定性的评估,指出该项目的价值和作用。如,该项目能够降低青少年犯罪率。通过芝加哥市开展的"成为一个男子汉"课后服务项目,青少年犯罪人数减少了 35%,暴力犯罪案件下降 50%,重犯率降低了 21%。② 再如,可以提高学业表现。美国中小学课后教育计划联盟 2017 年发布的研究报告显示,参加课后服务的学生学习成绩普遍有所提高,缩小了学业差距。③ 又如,可以提升社会情感学习能力等。④

此外,也有研究对表现良好的课后项目的特点和成功核心元素进行探索。例如,借助定性的案例研究,指出适应性强、管理能力强、员工敬业度高、现任和前任学习者的参与、家庭参与、多方利益相关者伙伴关系、持续课程筹资、监测和评估等是课后

---

① Afterschool Alliance. Library and afterschool partnerships: How afterschool prov-iders are working together with public libraries[EB/OL]. (2017-09)[2024-05-01]. http://afterschoolalliance.org/documents/STFM/Library-and-afterschool-partner ships.pdf.

② HELLER S B, et al. Thinking, Fast and Slow? Some Field Experiments to Reduce Crime and Dropout in Chicago[EB/OL](2020-3-20)[2024-05-01]. http://www.nber.org/papers/w21178.

③ Afterschool Alliance. What Does the Research Say about Afterschool? [EB/OL] (2017-10-30)[2024-05-01]. http://afterschoolalliance.org/documents/What_Does_the_Research_Say_About_Afterschool.pdf.

④ Afterschool Alliance. Afterschool Programs Open, But Still Recovering Post-Pandemic[EB/OL]. (2023-02)[2024-05-01]. http://afterschoolalliance.org/documents/Afterschool-Programs-Open-But-Still-Recovering-Wave-8.pdf.

项目成功的重要元素。[①]

（二）我国相关研究进展

1. 校外教育机构与学校、家庭合作发展的比较研究

通过国际比较研究，曾晓洁、司荫贞较早地探讨了在终身教育建构期校外教育机构如何与家校社合作发展问题，指出在我国从计划经济转为市场经济的社会转型期，在终身教育和终身学习社会的建构期，校外教育如何与其他教育协同发展、有效融合，如何更好地促进素质教育的实现，已成为校外教育继续发展的一个重要问题。[②]

此外，学者分别从日本"学社融合"理念及政策、美国校外教育机构与社区结合等方面研究了该问题。

如关于"学社融合"有两种主要的理解。其一，从学习者角度界定，可以将"学社融合"理解为学校教育、社会教育和家庭教育超越各自的界限，相互协作，产生互惠互利的协同效果，使得学习者的学习意愿被充分激发的活动。其二，从学习支援者的角度，则可以将"学社融合"理解为学校、社区和家庭以实现互惠互利为目的，充分把握外在因素和内在因素的变化规律，促进青

[①] NDLOVU M, SIMBA P. Quality elements of after-school programmes: A case study of two programmes in the Western Cape province of South Africa[J]. South African Journal of Education, 2021(3):1.

[②] 曾晓洁,司荫贞. 北京与东京校外教育的比较研究[J]. 比较教育研究, 2002,23(11):55-59.

少年成长的活动。① "学社融合"是在"学社联合"基础上发展起来的,指复数的个体以其全部或部分机能共有化,从而产生新的机能,形成更高层次上的个体,即"学社融合体"。②

再如,美国21世纪社区学习中心的相关研究显示,社区学习中心活动范围正在不断扩大,与社区、家庭联系日益紧密。社区学习中心在活动时间方面,除了学校课程学习之外的几乎所有时间都有涵盖,还特别列出了暑期及周末的活动安排;在活动参与者方面,从儿童到老年人都有所涉及;活动内容方面,从读写能力教育到老年人教育,从文化娱乐到营养与保健,甚至是儿童照管能力培训、家长教育等都有包括。③

2. 校外教育与学校、家庭协同发展的理论探讨

一方面,学者从协同视角探讨了校外教育的发展。例如,有学者指出校内外教育深度和健康融合是基础教育改革的必然走向,在校内外协同育人视域下探讨校外教育改革有三种选择路径:一是推动政府购买服务促进校外教育结构调整;二是解除公办校外教育机构不合理的制度限制;三是承认课外补习与培训机构的校外教育身份。④ 现行中小学课后服务活动的组织和运行应在政策宏观调控的指导下,协调好六个主体之间的关系,做

---

① 李恒庆,吴美娇.日本"学社融合"若干理论问题探析[J].成人教育,2011,31(6):123-125.
② 施克灿.浅析日本的"学社融合"论[J].外国教育研究,2002,29(9):6-10.
③ 任翠英,朱益明.美国21世纪社区学习中心计划述评[J].基础教育,2017,14(4):19-28.
④ 康丽颖,仕纪远.在扩张与融合中寻找校外教育发展之路[J].中国教育学刊,2018(2):1-6.

到政府推动、学校组织、社会参与、行业自律、家庭支持和学生选择。[1]

另一方面,学者从校外教育的功能定位变迁,指出现代中国校外教育功能定位的"协同"转向。立足自身,强化校外教育服务的专业化建设破除壁垒;构建一体化的政策执行、监督机制;区域疏导,搭建校内外联动的组织平台是校外教育融入大教育体系,与学校教育形成"一体两翼"格局,共同推进素质教育发展继而实现校外教育功能定位"协同"转向的基本路径。[2]

3. 学习型社会建设背景下的校外教育协同发展的行动研究

通过实验区建设,有学者系统探讨了学习型社会建设背景下假期学习共生体建设问题。2017年,联合国教科文组织称:"目前的发展趋势是从传统教育机构,转向混合、多样化和复杂的学习格局,在这当中,通过多种教育机构和第三方办学者,完成正规学习、非正规学习和非正式学习。我们需要一种更加流畅的一体化学习方法,让学校教育和正规教育机构与其他非正规教育经验开展更加密切的互动。而且,这种互动要从幼儿阶段开始,延续终生。学习空间、时间和关系的变化有利于拓展学习空间网络,让非正规和非正式学习空间与正规教育机构相互

---

[1] 康丽颖.促进儿童成长:课后服务多元主体协同育人探讨[J].中国教育学刊,2020(3):22-26.
[2] 刘登珲.我国校外教育功能定位流变及其现代转向[J].湖南师范大学教育科学学报,2016,15(5):114-119.

影响,并相互补充。"①

在此理念和家校合作研究、学校变革研究、学生作业研究等基础上,2018年12月至2019年3月,华东师范大学上海终身教育研究院和全国各地志愿参与的教师、校长、家长等以行动研究的方式一起开展了2019年"你好,寒假!"研究。② 这一研究将"时时、处处、人人"的终身教育理念聚集到寒假这一特殊时段,实现了学习型社会建设的补缺。

4. "双减"背景下公益性校外教育机构与家庭、学校协同育人的理论探索

2021年7月,《关于进一步减轻义务教育阶段学生作业负担和校外培训负担的意见》(简称"双减")颁布后,学者们主要从课后服务支持和家庭教育指导服务两个方面开展公益性校外教育机构与家庭、学校协同育人的探索。

在公益性校外教育机构支持课后服务方面,有学者基于基础教育公共服务体系重构角度,指出重建校外公共教育体系,教育系统的校外教育综合实践活动基地、共青团系统的少年宫、妇联系统的儿童中心、科协系统的科技馆等都有义务为未成年人提供公益性校外教育服务;同时,应调整学校教育与校外教育互补关系,使非学科实践教育重新回归校外教育主阵地。③ 有学

---

① 联合国教科文组织.反思教育:向"全球共同利益"的理论转变?[M].联合国教科文组织总部中文科,译.北京:教育科学出版社,2017:40.
② 李家成,林进材.学习型社会建设背景下的寒假学习共生体研究[M].上海:上海交通大学出版社,2019.
③ 张志勇,赵阳,李婉颖.从"双减"试点看我国基础教育公共服务改革的未来走向[J].中国教育学刊,2022(11):54-59.

者基于课后服务的"活动"特征,指出应组织公益性校外教育机构利用自身优势巩固拓展学校课后服务,如整合、重组青少年宫中具有活动组织能力的人员,搭建课后服务的核心团队,辅以学科教师和志愿者,形成一个兼具稳定性与流动性的专业团队,并以项目制的形式参与学校的课后服务。[①]

在公益性校外教育机构支持家庭教育指导服务方面,有学者从全社会协作角度,提出公益性校外教育机构可通过提供亲子活动场所和丰富内容等支持家长提升家庭教育水平和建立家校社协同育人机制。[②]

(三) 已有研究的共识与不足

国内外已有相关研究体现了三方面的共识和趋势。一是重塑多元主体参与的家校社共育生态是引领教育发展的根本途径和保障,强调要拓展家校社合作、调动社会力量。二是公益性校外教育的作用日益受到重视。国内外学者均探讨了公益性校外教育对学生发展、家庭教育、社会发展的积极作用。三是实证主义的研究范式日益受到青睐。国外研究凸显了对课后服务的循证评估,我国学者也开展了关于校外教育参与影响因素、"双减"政策实施效果等方面的研究。

已有研究也存在两方面问题。一是政策、理论与实践相互

[①] 袁德润,李政涛.基于"活动"主角地位的"双减"课后服务路径探析[J].教育学术月刊,2022(5):58-63.

[②] 边玉芳.传统"家事"上升为新时代的重要"国事":"双减"背景下全社会如何支持家长为促进儿童健康成长而教[J].人民教育,2021(22):26-30.

支撑的研究范式不足。在日益复杂且动态变化的社会发展和教育变革中,单一的政策实施评估、实践模式探索或理论梳理都无法有效解决协同育人问题。需要从政策—规范—行动等多维一体的视角进行机制建构,破解家校社共育生态建设路径问题。二是对公益性校外教育机构在协同育人机制建设中的学理分析和实证研究不足,已有研究主要从政策指令、理念等层面出发,探讨公益性校外教育应发挥支持课后服务、家庭教育指导等方面的功能,缺乏学理和实证层面深入研究,对不同协同育人模式挖掘不够。本研究探索"公益性校外教育机构—学校—家庭"协同育人制度构建,试图弥补上述不足。

第二节 公益性校外教育机构、学校与家庭协同育人制度建构的时代问题

在社会发展方面,2021年3月发布的《中华人民共和国国民经济和社会发展的第十四个五年规划和2035年远景目标纲要》提出"健全学校家庭社会协同育人机制",2022年10月党的二十大报告中再次强调健全学校家庭社会育人机制。在教育领域改革方面,基础教育领域"双减"政策的推进、家庭教育领域《中华人民共和国家庭教育促进法》的实施等,均提出学校家庭社会协同育人的要求与作用。在系列政策与实践的推动下,公

益性校外教育机构应承担什么样的责任成为新时代的新问题。

一、"双减"政策深化落实提供的机遇与挑战

公益性校外教育机构在立德树人、提高少年儿童综合素质方面具有独特的作用,充分发挥公益性校外教育机构的作用和职能,与家庭、学校协作,是保障"双减"政策落实的重要一环。

"减负"给孩子们"抢来"更多的校外时间,为公益性校外教育的开展提供了更多机会。"双减"政策主要的着力点体现在两个方面。一方面,减轻学生作业负担,使学生在校内完成作业后,不用花更多时间在家做作业,从而为孩子留出更多自主时间。另一方面,减轻学生校外培训负担,主要是学科类培训负担,在周末和假期不允许开展学科类校外培训,也为学生休息日和假期留出了足够多的时间。在多出来的自主时间里,孩子可以参加更多校外教育机构开展的各种各样的兴趣小组活动和社会实践活动。从制度设置来看,孩子们能够获得更多自主时间,同时,公益性校外教育机构能有更多生源,为公益性校外教育机构践行立德树人根本任务创造了有利条件。

在学校课后服务中公益性校外教育机构应有所作为。"双减"政策中明确提到在课后服务中"开展丰富多彩的科普、文体、艺术、劳动、阅读、兴趣小组及社团活动"。这些兴趣小组和社团活动正是公益性校外教育机构最为擅长和有经验的地方。此外,在"双减"政策"拓展课后服务渠道"中更是明确提到"充分利用社会资源,发挥好少年宫、青少年活动中心等校外活动场所在课后服务中的作用",直接指出公益性校外教育机构应当在课后

服务中发挥作用。公益性校外教育机构可以积极与学校对接，提供服务；教育行政部门可以统筹区域内校外资源，以优质校外教育资源支持提升学校课后服务质量。

但是，当前公益性校外教育机构与学校、家庭协同育人中也面临着一定挑战。首先，校外场所总量不足。虽然公益性校外教育场所数量在2000年后获得了较大增长，但与学校和青少年儿童总量相比，校外教育场所数量仍然缺乏。其次，校外教育城乡发展不均衡。城区的校外教育场所建设较好，活动内容丰富，教学水平较高，而农村和边远贫困地区的情况则相反。再次，校外教育保障与管理机制仍不健全。现有校外教育机构仍然由多个部门管理，统筹协调监管难度较大。最后，校外教育师资队伍尚不稳定。公益性校外教育机构现在人员编制偏少，在编人员数量与活动场所的发展需要及服务范围不匹配。聘用教师流动性大，影响活动正常开展。

二、家庭教育指导服务推进带来的要求与契机

我国在20世纪70年代末、80年代初开始成立对未成年人家长进行家长教育和指导服务的家长学校，创办了家长教育相关杂志等[①]，开启了家庭教育指导服务的积极探索与行动。此后，家访、家长会、家长学校等家长教育方式一直存在。近年来，随着家庭教育法规政策的密集颁布、家庭教育指导服务的广泛推进、社会与技术的深度变革，家庭教育指导面临着新的挑战与

---

① 赵刚,王以仁.中华家庭教育学[M].北京:研究出版社,2016:666-668.

机遇。

  首先,线上形式的家长教育指导容易导致家长低参与感和负向情感能量。伴随科学技术的发展,网络、人工智能等在家庭教育指导中得到了广泛的运用。在线的家庭教育指导打破了时间和空间的限制,家长可以选择在任何时间和地点开展学习,增强了家庭教育指导的灵活性。同时,QQ、微信等聊天工具的广泛使用,也使网上互动从个体发展到群体,从实时指导发展到非实时指导。然而,在线和虚拟的家庭教育指导不可避免地存在缺乏现场感的问题,导致家长参与感不强,甚至可能引发负面情绪。一方面,由于身体不在场,线上家长教育参与度不足。有研究表明,家长对新媒介的使用感受度低,参与者难以全身心地投入情感。[1] 虽然在线平台可以提供丰富的文字、图片、视频等资源,但由于缺乏面对面的交流,家长无法从指导者和其他家长那里获取更多微观信息,只能从线上资源中获得有限的体验和参与感。同时,在线家庭教育指导中"象征标志"排斥了文化资本较低的家长。网络社会促进了象征标志的产生,象征标志是相互交流的媒介,它能将信息传递开来而不用考虑任何特定场景下处理这些信息的个人或团体的特殊品质。[2] 这使得在家庭教育指导中,指导者与家长、家长与家长之间的互动可以从物理时空中抽离出来,形成象征标志的共同在场,如,家长可以通过点

---

  [1] 田友谊,李婧伟.互动仪式链理论视角下家校合作的困境与破解[J].中国电化教育,2022(7):97-103.

  [2] 安东尼·吉登斯.现代性的后果[M].田禾,译.南京:译林出版社,2011:19.

赞、发送小花等表情符号参与微信群的互动,还可以通过回放功能随时查看教学视频和互动记录。但这种象征标志容易排斥文化资本较低的家长,而更适合拥有丰厚文化资本的家长理解。当文化资本较低的家长面对难以理解的符号和信息时,往往会在互动中处于"潜水""沉默""观望"等状态,参与感、正向的情感能量均难以获得。另一方面,延伸的互动边界促发了焦虑的负向情感能量。在柯林斯的互动仪式中,对局外人设置了明显的界限,参与者能够分辨出谁是群体内成员,谁是局外人。基于网络的家长教育及互动扩展了家长与教育之间、家长与家长之间的身体范围和时空边界。参与者与非参与者的边界在网络中变得模糊和难以界定。来自不明身份者的海量信息涌入作为参与者的家长群中,冲击着群体成员的价值和心理状态,造成了焦虑。研究发现:众多家庭存在的"鸡娃现象"与智能手机微信群的普及应用呈正相关关系。原本每个家庭信息是闭环的,但在微信群里看到的各种育儿信息越多,反而可能更加焦虑,被迫卷入竞争。[①] 此外,基于网络的互动使家长和指导者的时空被压缩。哈维认为,时空压缩使人们的日常生活加速、集中导致内心出现焦虑和冲突体验。[②] 家庭教育指导与互动的时空压缩导致指导者和家长的工作与生活时间界限模糊,持续的实时与非实时交流互动使生活与工作时间难以分开,身体和心理处于忙碌

[①] 杨雄. AI时代"教育内卷化"的根源与破解[J]. 探索与争鸣,2021(5):5.
[②] 戴维·哈维. 后现代的状况:对文化变迁之缘起的探究[M]. 阎嘉,译. 北京:商务印书馆,2003:240-257.

和焦虑状态。①

其次,学校开展的家庭教育指导服务尚且不能完全满足家长需求。无论在政策、理论还是实践中,中小学校都是开展家庭教育指导的主体,而且是主要阵地和主要渠道。但由于学校功能性变革的路径依赖,其所开展的家庭教育指导服务不能完全满足家长需求。从结构功能主义的视角看,学校开展家庭教育指导时,其现有结构中缺乏相应的要素,这对其而言是一个新的挑战。② 在现有条件下,学校为应对这一新挑战而开展家庭教育指导时更可能在方式上遵循"路径依赖",采取学校教育的模式,③如组织专家讲座、开发家长课程、集中授课等。在这种情况下,家长的个体化需求和问题往往被忽视,家庭教育易流于形式,缺乏具有实效性和深入的互动。

最后,家庭教育指导话语的专业化带来了符号陷阱。伴随心理学、医学、教育学等知识的发展和进步,家庭育儿被视为一套科学知识体系,以科学为特征的育儿文化诞生。④ 在政策话语中,如《中华人民共和国家庭教育促进法》中强调贯彻科学的家庭教育理念和方法。在学术话语中,一些学者呼吁应以科学

---

① 赵钱森,石艳. 共同在场:家庭—学校互动时空的变革与出路[J]. 教育科学研究,2020(7):23-28.
② 王东. 家校合作中的教师面临胜任力挑战[N]. 中国教育报,2018-03-08(9).
③ 王东. 论学校家庭教育指导工作的边界及其启示[J]. 中国教育学刊,2023(1):47-51.
④ 余晖. 家长专业化进程中的家庭教育指导的价值误区及其澄清[J]. 南京社会科学,2022(7):145-154.

研究为基础,建立专业家长教育内容体系。编制科学系统的家长教育内容体系应包含能够经过实践检验、具有普适性的原理和知识。[①] 伴随着国家对家庭教育和家长教育的重视和规范,以及育儿科学知识体系的建构,人们对家长角色的期待越来越高,家长自身的使命感也越来越强。家长专业化的话语日渐发展。在官方话语和学术话语中"家长职业""持证上岗""家长执照"等日益凸显。一些教育主管部门也在区域家长学校中大力推行家长学习积分制和"家长执照"制度。[②] 有学者对此提出了质疑,认为在家长教育中有一个不易察觉的预设:专家优于父母、专业知识优于生活知识。这一预设使得专业人员与父母之间、专业知识与生活经验之间产生了失衡的关系。在这种失衡的关系中,家长的信心降低、能力被削弱,甚至感到无所适从。[③] 知识体系之间的冲突在现实互动中容易造成参与者之间的对立,导致家长群体在家庭教育指导服务中的边缘化。

在上述问题与挑战的背景下,应充分发挥公益性校外教育活动性、体验性等优势,通过开展更具针对性和体验性的家庭教育指导、亲子活动等,助力应对上述挑战,形成学校家庭社会协同育人常态化的格局。

[①] 张家军,鲍俊威.家长教育专业化的价值意蕴、当前困境与突破路径[J].教育理论与实践,2020,40(31):3-8.

[②] 王怿文,李涛."家长持证上岗",你准备好了吗[EB/OL].(2021-07-09)[2025-05-30]. http://www.xinhuanet.com/video/2021-07/09/c_1211233549.htm.

[③] 高德胜."家长执照"与家长教育问题审思[J].山西大学学报(哲学社会科学版),2022,45(1):94-101.

第三节　新制度主义社会学的理论启示与分析框架

制度视角是研究公益性校外教育机构、学校、家庭协同育人机制建设应有的维度。新制度主义社会学对制度的认识和分析具有较强的包容性，可以帮助我们理解内生制度的形成，以及其中各主体之间、主体与环境之间的交互作用。这一理论对于探索公益性校外教育机构、学校、家庭协同育人机制的构建具有较好的适切性。

一、家校社协同育人理论基础的演进及制度指向

（一）家校社协同育人理论基础的演进

生态系统理论认为学校、家庭、社区是相互联系的，应该从这种有机整体的角度分析和解决学生面临的问题。布朗芬布伦纳基于社会环境影响个体心理发展提出了生态系统理论。他把社会影响分为围绕青少年扩展开来的系统。对青少年产生最直接影响的是"微系统"，主要指家庭和学校。"中系统"主要指微系统之间的交互关系。"外系统"是指对青少年产生影响的社会背景。"宏系统"包括特定文化中的意识形态、态度、道德观念、

习俗及法律。[1] 从生态学视角来看，家校合作不仅涉及学校人员和家长，还旨在创造、促进和建构家庭—学校—社区协同价值、规范和互动。[2] 家庭、学校、社区共同组成了一个生态系统。

社会和文化资本理论从资本积累的角度解释家校社协同育人。布迪厄扩展了资本概念，超越其传统的经济属性，[3]将其分为：经济资本，即可以直接兑换成货币的资本形式；文化资本，即通过教育传递的文化；社会资本，即一个人拥有的某种持久性的关系网络。[4] 科尔曼在《关于教育机会平等》报告中，强调了社会资本及家长参与学校教育的重要性。科尔曼指出，黑人儿童学业成绩不良的原因不是学校的物质条件，而是学校内的社会因素，即学生家庭的社会经济背景。[5] 布朗（Brown）进一步修订了科尔曼的理论，提出"学业成就＝物质资本×人力资本×社会资本"的公式。[6] 布朗认为，如果能有效地调动这三种资本，就能提高学生的学业成就。根据社会资本理论，学校家庭社会协

---

[1] 刘衍玲,臧原,张大均.家校合作研究评述[J].心理科学,2007,30(2):400-402.

[2] RAFFAELE L M, KNOFF H M. Improving Home-School Collaboration with Disadvantaged Families: Organizational Principles, Perspectives, and Approaches[J]. School Psychology Review,1999,28(3):448-466.

[3] 布尔迪厄.文化资本与社会炼金术：布尔迪厄访谈录[M].包亚明,译.上海：上海人民出版社,1997:190.

[4] 杨善华,谢立中.西方社会学理论[M].北京：北京大学出版社,2006:170-171.

[5] COLEMAN J S, et al. Equality of Educational Opportunity[R]. Washington: U.S. Government Printing Office,1966:21-23.

[6] 吴重涵,王梅雾,张俊.家校合作：理论、经验与行动[M].南昌：江西教育出版社,2013:10.

同育人可以在家庭、学校之创造出社会资本,从而改善因家庭经济地位较低对子女学业产生的不良影响。

爱泼斯坦在上述生态理论和社会资本理论基础上,提出了建立学校、家庭、社区新型伙伴关系的交叠影响域理论。该理论认为儿童学习和成长在学校、家庭和社区之中,只有当三者以促进儿童学习和发展的方式合作时,儿童才能获益。[1] 这一理论的一个重要假设是,当学生感到有人关爱和鼓励他们时,他们就会努力学习。家庭与学校的伙伴关系并不能保证学生一定会成功,而是在这样的关系下,吸引、指导、激发学生自己取得成功。[2] 该理论的特点在于强调家庭、学校和社区对学生的交互叠加影响,重视学生在交叠影响中的中心地位,以及学校在交叠影响中的主导地位。家庭、学校和社会在影响儿童发展时,既单独起作用,充当各自独特的角色,又相互影响,承担一定的共同责任。家庭、学校和社会对儿童发展的影响力是不断积累的。[3]

在协同育人中,"协"指的是协调,表示行为或事物的要素之间相互影响、相互促进,"同"即方向、目标一致,"协同"则指的是

---

[1] EPSTEIN J L,SHELDON S B. Necessary but Not Sufficient: The Role of Policy for Advancing Programs of School, Family, and Community Partnerships[J]. The Russell Sage Foundation Journal of the Social Sciences,2016,2(5):202-219.

[2] 吴重涵,王梅雾,张俊. 家校合作:理论、经验与行动[M]. 南昌:江西教育出版社,2013:13.

[3] 乔伊丝·J. 爱泼斯坦,等. 大教育:学校、家庭与社区合作体系[M]. 曹骏骥,译. 哈尔滨:黑龙江教育出版社,2016:4.

人的行为或者事物的构成要素相互影响并一致发展。[1] 公益性校外教育机构、学校和家庭协同育人是指各主体突破壁垒,以促进学生健康发展和家校社各参与主体成长为目标,以资源共享和优势互补为前提,通过配置和组织人才、资源、平台等要素,充分释放彼此间的活力而实现深度合作。要实现这种深度合作,需要组织和动员人员、资金、时间等资源。克罗齐耶与费埃德伯格指出,人们之所以要构建组织,目的是解决集体行动中的问题,其中最重要的是合作问题。[2] 为了实现公益性校外教育机构、学校、家庭协同育人,建构相应的组织与制度就成为必然。因此,从制度视角研究公益性校外教育机构、学校、家庭协同育人就成为题中应有之义。

(二)新制度主义社会学的理论视角

新制度主义经济学代表诺斯将制度定义为社会博弈的规则,它包括正式成文的规则和作为正式规则之基础与补充的非成文的行为准则,并且制度运行的关键在于违规的成本。[3] 然而,新制度主义社会学的研究者们认为这种认识仍然是不充分的。"很多组织生活中存在的持续稳定性和重复性(即制度),不能简单地根据个人利益最大化的行动者概念来解释,而应根据

---

[1] 刘登珲. 我国校外教育功能定位流变及其现代转向[J]. 湖南师范大学教育科学学报,2016,15(5):114-119.

[2] 米歇尔·克罗齐耶,埃哈尔·费埃德伯格. 行动者与系统:集体行动的政治学[M]. 张月,等译. 上海:格致出版社,2017:译者序.

[3] 道格拉斯·C.诺思. 制度、制度变迁与经济绩效[M]. 杭行,译. 上海:格致出版社;上海人民出版社,2008:3-5.

另一种观点来解释。这种观点认为,组织生活中的实践之所以能够持续,是因为它们具有被视为理所当然现象而得到认可和接受的特征,及其在某种程度上在自我维持的结构中再生产其自身的特征。"[1]这种被视为理所当然的现象即制度的文化——认知层面。一个制度的建构除了具有效益基础,还必须具有合法性基础。这里的"合法性"不仅指法律制度的作用,还包括社会期待、观念、文化等方面的影响。"社会的法律制度、文化期待、观念制度成为人们广为接受的社会事实,具有强大的约束力量,规范着人们的行为。"[2]这就是合法性的力量和作用。

新制度主义社会学认为:"制度包括为社会生活提供稳定性和意义的规制性、规范性和文化—认知性要素,以及相关的活动与资源。"[3]制度是一种相对稳定的社会结构,它是任何组织得以存在和运行的基础。制度包括规制、规范和文化—认知三个方面的要素。规制性要素主要指具有制约性和调节性的政策、法律、法规等;规范性要素主要指规定行为目标及行为方式的规则;文化—认知要素主要指扎根于文化并由文化塑造的认知图式和共同行动逻辑。新制度主义社会学为我们拓展和深化了制度的内涵。

新制度主义社会学还把对制度的分析聚焦于组织层面。迪

---

[1] 沃尔特·W. 鲍威尔,保罗·J. 迪马吉奥. 组织分析的新制度主义[M]. 姚伟,译. 上海:上海人民出版社,2008:11.
[2] 周雪光. 组织社会学十讲[M]. 北京:社会科学文献出版社,2003:74.
[3] 斯科特. 制度与组织:思想观念与物质利益[M]. 3版. 姚伟,王黎芳,译. 北京:中国人民大学出版社,2010:56.

马吉奥和鲍威尔指出,组织场域的分析单位,即"由那些聚合或集群在一起的组织——重要的供应者、资源与物品的消费者、规制性机构,以及其他提供相似服务与产品的组织——构成的一个被认可的制度生活领域"。① 组织场域作为一种研究制度变迁的分析层次可以使人们看到被视为理所当然的变化过程中的意图甚至冲突。

新制度主义社会学不仅可以帮助我们揭示一种内生制度是如何形成的,也可以帮助我们理解不同社会主体之间发生的教育制度的迁移和传播,以及在各种制度环境交互作用下出现的制度创新。② 这种对组织间内生制度形成的关注,以及交互作用下制度创新的优势,对本研究具有较高的适切性。

二、研究思路与方法

(一) 研究的基本思路

本研究以新制度主义社会学理论为视角,探讨"公益性校外教育机构—学校—家庭"协同育人制度构建问题,并通过以下思路展开。

1. 理论基础研究

探索公益性校外教育机构、学校与家庭协同育人研究的历

---

① 斯科特. 制度与组织:思想观念与物质利益[M]. 3版. 姚伟,王黎芳,译. 北京:中国人民大学出版社,2010:96.
② 罗燕. 教育的新制度主义分析:一种教育社会学理论和实践[J]. 清华大学教育研究,2003,24(6):28-34,72.

史演变。借助已有相关文献,从概念、政策、实践、关系等角度全面梳理。梳理已有实践和理论基础,界定本研究的核心概念。

阐明公益性校外教育机构、学校与家庭协同育人制度建构的时代问题。以"双减"、家庭教育促进法等新政策与实践为背景,探索协同育人面临的当代新问题。

阐释新制度主义社会学理论,并构建本书的分析框架。梳理家庭学校社会协同育人相关理论基础,并指出协同育人制度研究的趋势与取向。借助新制度主义社会学关于制度"规制—规范—文化认知"的三维划分,建立本书"政策话语—组织规范—行动逻辑"三维分析框架。

2. 政策话语变迁研究

制度首先是一个规制系统。在调节和约束公益性校外教育机构、学校和家庭各主体利益关系中,相关法律、法规和政策相继出台。研究以中央和地方相关政策文本为对象,从公益性校外教育机构与学校协作、公益性校外教育机构与家庭协作两个方面,探索协同育人政策的变迁轨迹。

3. 组织规范变革研究

制度还是一个规范系统。人要在社会中生存,必须根据自己在所处的社会环境中的地位、身份等角色意识,按照他人的心理预期和自己内在化的行为标准和道德准则做人行事,这是人们长期以来自觉、自愿形成的规范。[1] 规范性要素包括价值观

---

[1] 王燕华. 高校科研协同创新的制度研究[M]. 北京:中国社会科学出版社,2020:31.

念和行为规范,前者指的是行动者对某种的偏好观念及对现存结构或行为的价值判断;后者则规定相关资源的配置方式以及个体或群体行为的正当性。[①] 研究以文献资料、访谈、案例、问卷为依托,揭示公益性校外教育机构与学校、公益性校外教育机构与家庭协同育人的社会责任期待、组织行动规范措施,以及实践困境。

4. 行动逻辑演进研究

制度还是一个认知系统。除了政策、规范,制度还是人们的认知与文化的集合,人们行动的逻辑即是重要的体现。研究以访谈和案例的方式,从实践行动入手,揭示公益性校外教育机构与学校、公益性校外教育机构与家庭协同育人行动背后的认知和文化逻辑。

5. 制度创新研究

基于制度三大要素的探索与分析,梳理和归纳当前公益性校外教育机构、学校与家庭协同育人制度建构的基本经验,揭示协同育人面临的主要挑战,构建促进"公益性校外教育机构—学校—家庭"协同育人制度的关键机制,并提出支持性的策略建议。

(二) 研究的主要方法

1. 文献法

借助国内外相关电子数据库、年鉴等收集学校家庭社会协同育

[①] 杨跃.教师教育学科制度建设:内涵、目标、困境与行动——基于新制度主义社会学的视角[J].教育发展研究,2018,38(22):52-59.

人政策 202 部、校内外教育合作政策 60 部。同时,收集协同育人、新制度主义社会学等理论文献,以及发达国家与地区校外教育机构、学校、家庭协同育人机制建设相关研究文本。对重点政策进行系统分析,对相关理论进行诠释,对典型经验进行比较分析。

2. 问卷调查法

问卷调查法作为本研究的辅助方法,主要调查公益性校外教育机构与学校、家庭协同育人活动组织形式和频率。

对北京市 50 家公益性校外教育机构教师及管理者开展电子问卷调查,收集问卷 525 份,其中有效问卷 514 份。调查样本情况如下。

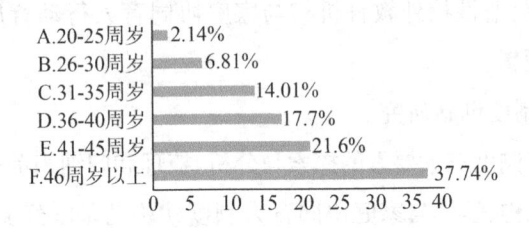

选项	比例
A.20-25周岁	2.14%
B.26-30周岁	6.81%
C.31-35周岁	14.01%
D.36-40周岁	17.7%
E.41-45周岁	21.6%
F.46周岁以上	37.74%

图 1.1　调查对象年龄

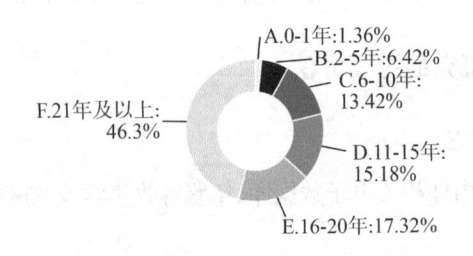

选项	比例
A.0-1年	1.36%
B.2-5年	6.42%
C.6-10年	13.42%
D.11-15年	15.18%
E.16-20年	17.32%
F.21年及以上	46.3%

图 1.2　调查对象教龄

调查对象从年龄和教龄上看,大多数为中年及以上教师,且具有较丰富的教育教学经验。36岁及以上教师占调查总人数的77.04%,21年以上教龄的教师约占调查总人数的一半。

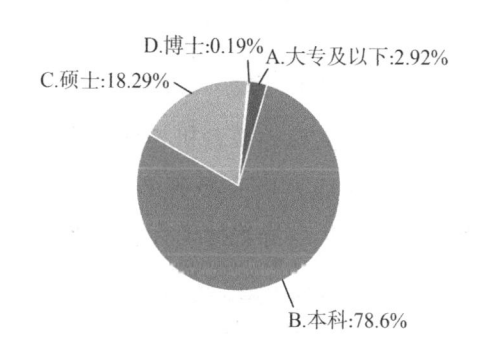

饼图数据:
- D.博士:0.19%
- A.大专及以下:2.92%
- C.硕士:18.29%
- B.本科:78.6%

图1.3 调查对象学历层次

调查对象学历层次相对较高,本科及以上学历教师占调查总人数的97.08%。

环形图数据:
- 18.1%
- 1.36%
- 80.54%
- ●A.体制内专职教师 ●B.体制外聘用兼职教师
- ●C.体制内行政管理、研究人员并兼职教师

图1.4 调查对象身份

```
         A.尚未定级：3.5%
D.高级：        B.初级及以下：
28.02%         20.62%


         C.中级：47.86%
```

图 1.5　调查对象职称

调查对象主要为公立校外教育机构编制内教师，约占调查总人数的 98.6%，其中 18.09% 的教师既从事行政管理工作，同时兼任教育教学工作。大部分教师具有中级及以上职称。

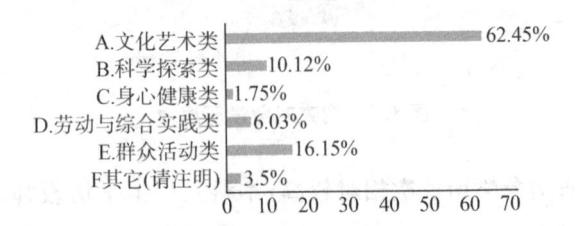

```
A.文化艺术类       62.45%
B.科学探索类  10.12%
C.身心健康类 1.75%
D.劳动与综合实践类 6.03%
E.群众活动类  16.15%
F.其它(请注明) 3.5%
           0 10 20 30 40 50 60 70
```

图 1.6　调查对象教学内容

在调查的教师中，大部分教师从事科学、艺术、体育等兴趣小组教学工作，约占总人数的 80%，其中文化艺术类最多，小部分教师以群众活动开展为主业，约占总人数的 16%。

3. 访谈法

通过访谈，研究者主要了解公益性校外教育机构与学校、家庭协同育人的活动组织方式、主要困境、对活动的理解与认识等。研究者对我国东部、西部和中部 8 个省的 34 名校外教育工作者进行了访谈，以及对 10 位学校教师进行了访谈。被访的校外教育工作者主要为所在校外教育机构负责人,少部分为一线教师。在负责人当中,大多数都有基础教育学校教师和管理者的工作经历。因此,他们对学校教育和校外教育都有比较深刻的认识和体会。具体访谈对象分布见下表1.1。

表1.1 校外教育者访谈对象分布

归口	区域层次					
	东部			中部		西部
	国家	省	市	市	县	县
教委		eprel01 eprel02 eprel03	ccicl01 eciel02 eciel03 eciel04 eciel05 eciel06 eciel07 eciel08 eciet01 eciet02 eciet03 eciet04 eciet05 eciet06 eciet07 eciet08 eciet09 eciet10 eciet11	mcoel01 mcoel02		wcoet01 wcoet02 wcoel01
妇联	ecewl01			eciwl01 eciwl02		
团委					mciyl01	
其他	eceol01 eceot01 eceot02					

其中,代码第一位 e、w、m 分别代表了东部地区(east)、西部地区(west)、中部地区(middle)。代码第二、三位 ce、pr、ci、co 分别代表了国家级(centre)、省级(province)、市级(city)、县区级(county)。代码第四位 e、w、y、o 分别代表了归口教育部门(the education bureau)、妇联(the women's federation)、共青团(the communist youth league)。代码第五位 l、t 分别代表了职务领导(leader)、教师(teacher)。代码第六、七位数字则为被访者顺序编号。学校教师以 st(school teacher)01—10 进行编号。

研究者将访谈所得录音资料进行文字转录,在反复阅读后,对收集到的资料进行整理与分析。

4. 个案研究法

在访谈的公益性校外教育机构中,遴选东部 B 市隶属教育行政部门的 B 少年宫、F 少年宫,隶属公益基金会的 S 中心,以及东部 J 市隶属妇联的 J 妇女儿童活动中心这四个协同育人个案进行深入探究。运用观察法了解协同育人的工作情境、方式和活动样态。应用半结构访谈探究校外教育机构管理者和教师、学校管理者和教师对协同育人的行动、认识和理解。并收集相关机构的制度文件、活动方案等。

利用扎根理论对资料进行整理分析,分析典型案例中相关主体互动中"公益性校外教育机构—学校—家庭"协同育人实践行动的生成逻辑。

第二章

公益性校外教育机构、学校与家庭协同育人的政策话语变迁

政策是国家机关、政党及其他政治团体在特定时期为实现或服务于一定社会政治、经济、文化目标所采取的政治行为或特定的行为准则,这是一系列谋略、法令、措施、办法、方法、条例等的总称。[①] 从新制度主义社会学视角来看,政策是一套强制性的、正式的制度。新中国成立以来,政府始终保持着对公益性校外教育机构、学校与家庭协同育人的关注,这种关注一般散见于各级各类教育政策之中。本章将从历时性角度考查相关教育政策文本,探索公益性校外教育机构、学校与家庭协同育人的政策变迁轨迹及其特征。

第一节 公益性校外教育机构与学校协同育人的政策话语变迁

在新中国成立后的70余年的发展中,公益性校外教育机构与学校协同育人在政策话语中经历了围绕主题活动的校内外教育结合的初步探索、推进校内外教育基于课程的有效衔接、促进校内外教育基于立德树人的全面融合三个主要阶段。

一、围绕主题活动的校内外教育结合的初步探索

新中国成立初期至20世纪末期,在政策推动下,校外教育

---

① 陈振明.政策科学.公共政策分析导论[M].2版.北京:中国人民大学出版社,2003:50.

被逐步纳入国家教育体系,成为基础教育的重要组成部分。虽然校外教育定位伴随着社会改革和发展有一些变化,但与学校教育始终保持着一定程度的结合。这种结合在政策中具体体现在围绕思想道德、科学技术、艺术、体育等某一主题活动之中。

(一) 推动校外教育纳入国家教育体系

从1949年新中国成立到20世纪50年代中期,是中国校外教育的初创时期。20世纪50年代后期至60年代中期,校外教育逐渐发展形成了自己的机构设置。从新中国成立初到十年社会主义建设期间,校外教育政策的总体方向是推动校外教育纳入国家教育体系。

中国校外教育的产生既是"以苏联为师"社会背景的政治建构,也是弥补学校教育资源不足的教育建构。[①] 一方面,新中国成立初期,我国仿照苏联建立起国民教育体系,同时,也把校外教育纳入其中。另一方面,兴建校外教育机构也是基于当时国家百废待兴急需人才、学校教育资源不足、妇女投入生产建设无暇照顾放学后的子女等多方面情况作出的应对措施。"二部制"[②]虽然缓解了学校教育资源不足的问题,但学生大量的课外时间如何安排却没有得到很好的解决。课余生活的贫乏造成了

[①] 王海平,康丽颖.少年宫教育与学校教育并协发展的轨迹:中国少年宫教育变迁的新制度社会学分析[J].首都师范大学学报(社会科学版).2015(5):133-139.

[②] "二部制"即把学校中学生分为两部分,一部分上午上课,一部分下午上课,两个班共用一个教室。

一些不良的后果,有少数少年儿童偷窃、斗殴,捣乱了社会秩序,甚至有的还参加了宗教迷信活动。正是在这个时期,以少年宫为主体的校外教育迎来了发展的第一个高潮。至1956年,全国各地已建立起137处儿童校外教育机构。[①]

1957年,教育部和共青团中央颁布了《关于少年宫和少年之家工作的几项规定》,这是新中国校外教育史上的第一个法规性文件。该文件对少年宫等校外教育的基本任务、工作内容和方法、基础设施建设等给予了规定和政策保障。这一文件标志着"校外教育已经纳入国家整个教育体系的范畴"。[②] 校外教育工作有了统一的准则和规范,为校外教育制度化发展奠定了基础。

(二) 政策中对校外教育定位的演变

在《关于少年宫和少年之家工作的几项规定》中,文件开宗明义地提出:少年宫和少年之家是少年儿童的校外教育机构,它的基本任务就是配合学校对少年儿童进行共产主义教育,培养他们优良的道德品质;帮助他们巩固和扩大课堂知识,丰富他们的文化生活;发展他们多方面的兴趣和才能,锻炼他们的技能和技巧。对少年宫等公益性校外教育机构的性质、作用等做出了明确的规定。

[①] 许德馨,张成明,穆向群.少年宫教育史[M].海口:海南出版社,2000:10-11.
[②] 陈白桦.流动的少年宫:校外教育的流动与均衡发展[M].上海:同济大学出版社,2015:25.

伴随着改革开放,中国的社会体制、经济制度、教育制度等均发生了重大变革。教育部门、妇联、团委等不同主管部门兴办和管理的校外教育机构相继产生。这一时期的政策主题是进一步明确各级各类校外教育定位。

1985年《中共中央关于教育体制改革的决定》是改革开放后针对教育机制体制变革的重要文件,其中规定,"学校教育和学校外、学校后的教育并举,各级各类教育能够主动适应经济和社会发展的多方面需要",这就从国家层面确定了校外教育的重要地位,同时指出了与学校教育并举的关系。共青团中央、国家教育委员会于1986年、1987年分别颁布了《青年宫、青少年宫管理工作条例(试行)》《少年宫(家)工作条例(草案)》。这些文件在管理体制改革、队伍建设、理论研究等方面提出了新的要求。

20世纪90年代是市场经济发展风起云涌之时,也是校外教育机构大发展的时机。校外活动场所数量大幅增加,现有校外教育机构中大部分是在这一时期建立的,服务学生数量更是数以亿计。这一时期,有关儿童、未成年人的政策、法律中都或多或少地涉及校外教育。1991年9月4日,全国人大常委会通过的《中华人民共和国未成年人保护法》规定:"各级人民政府应当创造条件,建立和改造适合未成年人文化生活需要的活动场所和设施。"1992年2月16日,国务院颁布的《九十年代中国儿童发展规划纲要》提出:"加强儿童校外教育、科技、文化、体育、娱乐等活动场所的建设。"在这些文件相继颁布的背景下,1995年国家教委等七部委联合颁发了《少年儿童校外教育机构工作规程》，文件提出了实行学校、家庭、社会相结合的原则，明确了独立设置的校外教育机构的法人资格，并确立了实行主任（馆、校、园长）负责制的基本管理制度等。这些重要内容首次对市场经济条件下少年宫教育的机制、结构、模式、内容、方法等做出了较全面的规定，为使校外教育、校内教育协作走上制度化轨道奠定了更为坚实的基础。

（三）以主题活动为载体的校内外教育结合的提出

从政策文本分析中可以看出，早期校内外教育结合主要以某一类主题的活动方式展开。对于这一结合方式的表述除了见于综合性的校外教育政策中，例如1957年颁布的《关于少年宫和少年之家工作的几项规定》、1986年颁发的《青年宫、青少年宫管理工作条例（试行）》等，还常见于针对某一教育主题的专门性政策之中。如1998年颁布的《关于进一步加强中小学科技教育工作的通知》、2002年颁布的《关于加强青少年道德教育，全面提高青少年道德素质的意见》等。

在新中国成立至21世纪初的30多部提及基于活动形成结合的中央教育政策中，有19部涉及思想道德、8部涉及艺术、7部涉及体育与健康、6部涉及科学技术、3部涉及劳动与实践、1部涉及学业辅导。可见，思想道德、科学技术、艺术、体育与健康四项内容是校内外教育结合的主要活动载体，而其中思想道德又是重中之重。如在思想道德主题教育方面，2002年《关于加强青少年道德教育，全面提高青少年道德素质的意见》中指出：充分发挥青少年活动阵地在道德教育中的作用。要把青少年道德教育纳入青少年宫、青少年活动中心、青少年之家、社区青少年服务中心、青年文化大院、青年科技图书站等各级各类青少年活动阵地的工作中,依托阵地广泛开展道德教育活动,帮助青少年努力提高道德修养,陶冶高尚情操。各级各类青少年教育基地、爱国主义教育基地蕴藏着丰富的道德教育资源,要引导青少年在教育基地参观考察、开展活动的过程中,接受生动、形象的道德教育。再如1994年颁布的《爱国主义教育实施纲要》中指出:各级教育行政部门、共青团组织要和教育基地建立工作联系制度,共同研究制定活动计划。要根据教育对象不同的年龄层次、心理特点、知识水平和接受能力,科学安排活动内容。

二、推进校内外教育基于课程的有效衔接

在素质教育和基础教育课程改革推进背景下,2006年中共中央办公厅、国务院办公厅《关于进一步加强和改进未成年人校外活动场所建设和管理工作的意见》(中办发〔2006〕4号)正式提出积极促进校外活动与学校教育的有效衔接。这一政策的级别之高、影响之远,是我国校外教育史上少有的,对学校教育与校外教育围绕课程教学协同育人有着重要意义和作用。

(一)基础教育课程改革使学校向校外教育开放

素质教育促进了学校教育中基础教育课程改革,要求打开学校的大门,向校外教育开放,从而促进了学校课程与校外活动

衔接的制度化。

"基础教育课程改革是完善基础教育阶段素质教育体系的核心环节。"[1]1997年9月,教育部基础教育司在烟台的素质教育会议上,提出了"建立和完善以全面提高学生素质为目标"的课程体系。[2] 1998年的《面向21世纪教育振兴行动计划》中将改革课程体系列入"跨世纪素质教育工程"。2001年,教育部正式颁布了《基础教育课程改革纲要(试行)》。在制度设计层面,课程改革实现了以下突破。

首先,课程改革重建了课程结构,强调均衡性、综合性和选择性。均衡性体现在课程要培养全面发展、和谐的人的目标上。综合性体现在综合课程上,其中特别强调综合实践活动。选择性是针对学校和学生个体差异而提出的,强调课程结构要适应学生个性差异、满足多样化需求,突出选修课。

其次,课程改革实行了课程三级管理,规范了教材的开发。在课程管理上进一步简政放权,实行国家、地方、学校三级课程管理体制。在教材开发上建立健全"一标多本"的开发平台,倡导利用校内外课程资源。

最后,课程改革建立了发展性的课程评价体系。强调评价不仅要关注学生的学业成绩,而且要发现和发展学生的多方面潜能,了解学生发展中的需求,发挥评价的教育功能。

---

[1] 钟启泉,崔允漷,张华,等.为了每一个学生的发展:新世纪中国基础教育课程改革刍议[J].全球教育展望,2001,30(2):3-8.
[2] 崔允漷.新课程"新"在何处?:解读《基础教育课程改革纲要(试行)》[J].教育发展研究,2001,21(9):5-10.

课程改革对综合实践活动、选修课的强调,对发展性评价体系的重视,对课程管理和开发的规范,为校内外教育结合奠定了制度上的基础。校内外教育衔接走向制度化正是基于校外活动进入教育评价体系、社会实践等校外活动列入教育计划中的必修部分而实现的。

（二）校内外教育基于课程有效衔接的政策表达

2000年前后,国家开始从"顶层设计"的高度将校内外教育衔接作为制度加以规范。2006年《关于进一步加强和改进未成年人校外活动场所建设和管理工作的意见》针对校外活动与学校教育有效衔接做了专门的规定。相关规定主要体现在四个方面,一是校内外教育衔接参与机构日益多元化。二是要求校外教育机构开发与学校课程衔接的活动。三是要求学校将学生参与校外活动列入学校教育教学计划。四是要求行政部门要整合教育资源,并将参与校外教育活动纳入评价体系当中。

1. 从一元到多元:校内外教育衔接参与机构的演变

从教育政策文本的分析中可以看出,在校外教育与学校教育衔接的政策规定中,衔接参与机构从单一的校外教育机构逐渐发展成由教育行政部门、中小学校、校外教育机构和社会资源单位共同组成的多元机构,而且,校外教育机构本身也经历了多元化的演变。

表 2.1 校内外教育衔接参与机构的演变

节点年代	教育行政部门 资料来源	教育行政部门 参考点	中小学校 资料来源	中小学校 参考点	公益性校外教育机构 资料来源	公益性校外教育机构 参考点	社会资源单位 资料来源	社会资源单位 参考点
1957					1	1		
1986					1	1		
1987					1	2		
1993					1	1		
1995			1	1	2	2		
1998	1	1	1	1				
1999			1	3	2	2		
2000			4	5	2	2		
2001			3	4	3	3		
2002			2	4	3	5		
2003					1	1		
2004	1	1	4	4	6	15		
2006	2	2	1	1	4	15		
2007	2	5	3	6	2	2		
2010							1	1
2011	1	1	3	4	2	5	2	3
2012	1	1	1	1	1	1		
2014			1	2	1	2	1	2
2016	2	5	2	5	1	2		

表 2.2 校外教育机构多元化的演变

节点年代	青少年宫(家) 资料来源	参考点	公益性校外教育机构 资料来源	参考点
1957	1	1		
1986	1	1		
1987	1	2		
1991			1	1
1993	1	1		
1995			2	2
1999	1	1	1	1
2000			2	2
2001			3	3
2002			3	5
2003			1	1
2004			6	15
2006			4	15
2007			2	2
2011			2	5
2012			1	1
2014			1	2
2016			1	2

公益性校外教育机构始终是校内外教育衔接的参与机构。从表 2.1 中可以看出,几乎历年的教育政策文本都将公益性校外教育机构规定为校内外教育结合的参与主体。就公益性校外教育机构本身而言,其外延发生了变化,从一元的青少年宫,逐

渐发展为包括青少年宫、主题教育基地、科技馆、博物馆等在内的公益性校外教育活动场所。从表2.2中可以看出，20世纪90年代以前我国政策文本中主要将公益性校外教育机构的范围限定为青少年宫（家）。这一点从国家颁布的校外教育政策名称中就可以得到佐证。如1957年颁布的《关于少年宫和少年之家工作的几项规定》、1986年颁布的《青年宫、青少年宫管理工作条例（试行）》、1987年颁布的《关于加强少年宫工作的意见》和《少年宫（家）工作条例》等。自20世纪90年代起，教育政策中对公益性校外教育机构的外延的表述逐步扩大。如1991年《关于改进和加强少年儿童校外教育工作的意见》中提出：校外教育活动设施和场所〔如少年宫、少年儿童活动中心、少年科技中心（馆、站）、艺术馆、儿童影剧院、儿童公园、少年儿童图书馆、阅览室、少年体校等〕的建设要列入各地城镇建设的规划，使之布局合理。1995年颁布的《少年儿童校外教育机构工作规程》中则明确规定：本规程所称少年儿童校外教育机构（以下简称"校外教育机构"）是指少年宫、少年之家（站）、儿童少年活动中心、农村儿童文化园、儿童乐园、少年儿童图书馆（室）、少年科技馆、少年儿童艺术馆、少年儿童业余艺校、少年儿童野外营地、少年儿童劳动基地，和以少年儿童为主要服务对象的青少年宫、青少年活动中心、青少年科技中心（馆、站）、妇女儿童活动中心的少年儿童活动部分等。2000年颁布的《关于加强青少年学生活动场所建设和管理工作的通知》中又将由国家和省、自治区、直辖市有关部门命名的"爱国主义教育基地""青少年科技教育基地""德育基地"等场馆、设施，全国各级革命博物馆、纪念馆、陈列馆、展览馆、革命烈士陵园等单位,其他各类博物馆、纪念馆、科技馆、文化馆(站)、体育场(馆)、影剧院、工人文化宫(俱乐部)等公共文化设施和企事业单位、社会团体所属的文化体育设施及校外教育设施纳入校外教育机构的范畴。

中小学校的参与性逐渐得到重视。从表2.1中可以看出,1995年前后,中小学校在校内外教育结合中参与的重要性逐渐在政策文本中得以表达。如1995年颁布的《关于安排好中小学生节假日休息和活动的通知》中指出:根据学校师资和学生兴趣爱好,可组建科技、艺术、体育、读书等各种兴趣小组和社团,适当开展课外活动。政策文本对中小学作为校内外教育结合参与主体的强调在2000年至2004年达到了高峰。五年间有14部政策17次强调了中小学校要参与校内外教育结合的工作。

教育行政部门逐渐介入。从表2.1中可以看出,2004年以来的政策文本中,教育行政部门较为持续地成为校内外教育结合的参与主体。如《关于进一步加强和改进未成年人校外活动场所建设和管理工作的意见》(中办发〔2006〕4号)指出教育行政部门要与共青团、妇联等其他校外教育主管部门合作,积极探索建立健全校外活动与学校教育有效衔接的工作机制。

社会资源单位成为校内外教育衔接的新兴主体。历年的校外教育政策都非常强调利用社会资源开展校外教育活动。在1957年颁布的《关于少年宫和少年之家工作的几项规定》中就曾提出:少年宫和少年之家必须充分运用社会各方面的力量来帮助工作。要和科学艺术团体、文化机关、工厂、农场、高等学校等各方面建立联系,取得他们的帮助和指导,组织他们参加少年儿童的校外教育工作。当时的这些社会资源还属于"体制内"范畴,但到 1995 年后社会资源的范畴逐步拓展到企业和个人。如 1995 年颁布的《少年儿童校外教育机构工作规程》中则明确提出:国家鼓励企业、事业组织、社会团体及其他社会组织和公民个人,依法举办各种形式、内容和层次的校外教育机构或捐助校外教育事业。虽然国家一直重视校外教育建设中社会资源的力量,但直到近些年才明确地将社会资源引入校内外教育结合的机制中。如《关于建立中小学科普教育社会实践基地开展科普教育的通知》(教基一函〔2011〕10 号)中提出:各级教育、科技部门要进一步加强协作、相互配合,共同做好未成年人的科普教育工作,探索建立有效的合作机制,积极建设好一批中小学科普教育的社会实践基地,把校内外教育有效结合起来,发挥各行业开展科普教育的社会资源优势,形成教育合力。再如《蒲公英行动计划(2015—2017)》(校外联办函〔2014〕2 号)中则提出:制定中小学开展课后活动指导意见,指导各地采取政府购买服务、引入校外教育资源和利用志愿者服务等多种形式破解"三点半难题"。通过政府购买服务的形式,社会资源单位成为校内外教育结合的又一参与主体。

2. 公益性校外教育机构要开发与学校课程衔接的活动

2000 年后,校外教育政策逐渐强调公益性校外教育机构要主动开发与学校教育课程相适应的活动。如《关于公益性文化设施向未成年人免费开放》的实施意见(文办发〔2004〕33 号)中提出:文化馆(站)、文化宫(工人文化宫、工人俱乐部)、青少年宫、儿童活动中心要坚持面向未成年人、服务未成年人的宗旨,并与学校综合实践活动相衔接,积极开展教育、科技、文化、艺术、体育等适合未成年人参与的活动。再如《关于进一步加强和改进未成年人校外活动场所建设和管理工作的意见》(中办发〔2006〕4号)中更是明确提出:各类校外活动场所要加强与教育行政部门和学校的联系,积极主动地为学生参加校外活动提供周到优质的服务。要根据学校校外活动的需要,及时调整活动内容,精心设计开发与学校教育教学有机结合的活动项目。

地方政策中要求把学校组织学生到校外活动场所参与活动排入校外活动中心课程。这就要求公益性校外教育机构应结合学校教育教学计划和课程,开发、设计与学校课程相衔接、配套的校外教育资源。这种规定是校内外教育结合制度化的表现。如北京市2006年颁布的《关于进一步加强和改进未成年人校外教育工作的意见》中明确指出:少年宫、青少年活动中心、科技馆、儿童活动中心、少儿图书馆要结合学校课程设置和改革,组织开展生动活泼、怡情益智的文体、科技等活动。各类校外活动场所要加强与教育行政部门和学校的联系,为学生参加校外活动提供周到优质的服务。要根据学校校外活动的需要,及时调整活动内容,精心设计开发与学校教育教学有机结合的活动项目,积极探索参与式、体验式、互动式的活动方式,使校外活动与学校教育相互补充、相互促进。

3. 学校要将校外教育活动纳入教学计划

在与校外教育衔接过程中,政策对学校的要求经历了从充分利用校外教育资源开展活动到将校外活动纳入教学计划的过程。

对于学校而言,充分利用校外教育资源开展课外校外活动是历年来政策的一个主题。如1998年颁布的《中小学德育工作规程》中提出:小学、初中、高中每学年应分别用1—3天、5天、7天的时间有计划地组织学生到德育基地、少年军校或其他适宜的场所进行参观、训练等社会实践活动。再如《关于合理安排中小学生课余生活加强中小学生安全保护工作的通知》(教基厅〔2000〕4号)中指出:加强对中小学生校外活动的合理安排与指导。各级教育行政部门和学校要组织开展中小学生告别"四厅"(电子游戏厅、录像厅、舞厅、ok厅)的活动。同时,要主动争取有关部门和团体的大力支持,充分利用"宫、馆、家、站"和其他校外活动基地、营地等各种校外教育机构,有计划地组织中小学生开展丰富多彩的教育活动。

将校外活动列入学校教育计划能够从制度上保障校内外教育结合的常规化、正式化。如《关于适应新形势进一步加强和改进中小学德育工作的意见》(中办发〔2000〕28号)中强调:校内教育与校外教育相结合,切实加强社会实践活动。中小学校要认真组织好学生的校外活动,积极建立中学生参加社区服务制度,把组织学生参加社会实践等校外教育活动作为加强德育工作的重要途径。又如《关于进一步加强和改进未成年人校外活动场所建设和管理工作的意见》(中办发〔2006〕4号)中提出:中小学校要根据教育行政部门的统筹安排,结合推进新一轮课程改革,把校外实践活动排入课程表,切实保证活动时间。再如《关于印发建立校外活动与学校教育有效衔接工作机制的案例,推进校外活动发展的函》(校外联办函〔2007〕2号)中提出:地方政府和教育行政部门高度重视整合社区教育资源工作,把校外活动列入学校教学计划,建立起校外活动与学校教育相结合的工作机制,实现学生的校外活动经常化、制度化。

地方校外教育政策在推进校内外教育有效衔接过程中,对学校的规范包括要求学校将校外活动纳入教学计划,利用、开发校内外教育资源开展校外活动。各地教育政策普遍要求学校把校外教育活动纳入教学计划、纳入课程体系、纳入课程表,保障学生校外活动的时间。如甘肃省《省教育厅关于开展校外教育综合试点工作的通知》(甘教基一函〔2014〕19号)中明确提出:中小学校要把校外活动列入教学计划,切实保证活动时间,做好具体组织工作。将校外活动纳入中小学课程体系的根据则源于基础教育改革中综合实践活动课程的建设,以及社会实践对德育重要性的强调。如山西省《关于进一步加强和改进青少年校外活动场所建设和管理工作的通知》(晋教政〔2012〕2号)中所指出的:各学校要结合推进新一轮课程改革,把校外实践活动列入教学课程表,切实保证活动时间,逐步做到学生平均每周有半天时间参加校外活动,实现校外活动的经常化和制度化。此外,各地政策均鼓励学校利用、开发校内外资源,开展教育活动。其中的校内外资源既包括学校自身的资源,也包括校外教育场所的资源。如上海2005年颁布的《上海市中小学生生命教育指导纲要(试行)》中要求:各区县教育行政部门和学校要多方面地开发和利用校内外丰富的生命教育资源,加强生命教育的软件建设,积极开发图文资料、教学课件、音像制品等教学资源;利用网络、影视、博物馆、图书馆、自然和人文景观、爱国主义教育基地等社会资源,丰富生命教育的内容和手段。再如,上海《关于加强本市青少年学生活动场所建设和管理工作实施意见的通知》(沪府办发〔2001〕3号)中指出:充分利用学校现有的活动场所和有关设施,安排好青少年学生的校外活动和校园文化生活。到2002年,所有学校在放学后、双休日、寒暑假都要全方位地对青少年开放活动场所,并建立起科技制作、劳技活动、影视观赏等学生活动室。到2004年,完成高校体育场馆的改建、扩建和新建。要不断总结、推广高等院校、寄宿制高中、市和区县重点中学校外教育活动的经验。学校要与街道社区及社会联手,结合本市基础教育第一期课程教材改革,为中小学生研究性课程的开展提供课外研究的实践基地。

4. 行政部门要将校内外教育衔接纳入评价体系

学校的主管部门非常明确,即教育行政部门。而公益性校外教育的主管部门则比较复杂。大体上讲,作为事业单位的校外教育机构的主管部门有两类。第一类是行政部门,即各地教委;第二类是党群组织,主要包括共青团、妇联、科协、文明办等。校外教育政策中对行政部门的要求集中在统筹资源,将校内外衔接纳入考评体系之中。对党群部门的要求主要集中在联络与资源吸引上。

教育行政部门的职责是建章立制、统筹协调。作为行政单位,各地教委对学校和部分校外教育机构具有行政权力,因此可以建立制度、统筹协调校内外活动。如《关于进一步加强和改进未成年人校外活动场所建设和管理工作的意见》(中办发〔2006〕4号)中指出,各级教育行政部门要会同共青团、妇联、科协等校外活动场所的主管部门,对校外教育资源进行调查摸底,根据不同场所的功能和特点,结合学校的课程设置统筹安排校外活动。再如《关于开展 2016 年"少年传承中华传统美德"系列教育活动的通知》(教基一司函〔2016〕26 号)中指出:各级教育行政部门和青少年校外教育工作联席会议办公室要制定切实有效的工作方案,重视并做好活动的组织、领导和宣传工作,充分调动中小学校、校外活动场所的积极性,引导中小学生广泛参与,保证本地区活动的顺利开展。在地方,如山西省《关于进一步加强和改进青少年校外活动场所建设和管理工作的通知》(晋教政〔2012〕2 号)中明确指出:各级教育行政部门要统筹校外教育与学校教育发展,统一安排部署工作,有效利用各种资源,使校外教育与校内教育相互促进。再以《上海市校外教育工作发展规划(2009 年—2020 年)》为例,该政策对"校外教育资源整合工程"有如下规定:丰富校外教育内容、开展校外教育活动要充分利用开发各类社会教育资源。本项工程的目标是:扩大社会教育资源开发利用的范围和数量,包括各类教育基地(场馆)、公共文化设施、政府机构、学校、社区资源以及民间校外教育场馆等;完善市、区县两级基地(场馆)等资源的类型结构和地域分布结构,提高社会教育资源的利用率及活动项目设计、实施的质量,强化资源的教育效应。负责统筹协调地区校内外活动的具体部分往往是教育行政部门牵头的校外教育联席会议。北京于 2006 年颁布的《关于进一步加强和改进未成年人校外教育工作的意见》中指出:充分发挥市、区县青少年学生校外教育工作联席会议的统筹协调作用。根据工作需要,扩大联席会议成员单位。市校外教育联席会议办公室设在市教委,负责日常工作,各区县也要建立相应的工作机制。市、区县校外教育联席会议要坚持每年组织召开会议,总结工作,研究政策,协调解决重大问题。

党群部门的职责是联络与资源整合。学校和党群部门不是直接的隶属关系,党群部门对学校也没有相应的行政权力。在校内外教育有效衔接中党群部门的主要职责是广泛联络,通过提供资源吸引学校。在与学校教育的结合中,党群部门充分发挥了广泛联络的优势,间接协调学校开展活动。如2004年甘肃颁布的《关于组织实施"甘肃省未成年人健康成长行动计划"的意见》对妇联的要求如下:各级妇联组织要会同教育部门和社区、村镇加强对未成年人家庭教育工作的指导,营造健康的家庭环境。要依托中小学校,推广建立家长会的制度和做法,及时讨论未成年人思想道德建设中存在的问题,形成学校家庭互动的教育模式。要与学校、社区密切合作,办好家长学校、家庭教育辅导中心,加强对家长的教育培训工作,帮助和引导家长树立正确的家庭教育观念。此外,党群部门还通过提供荣誉奖励等方式,发挥资源优势,与学校教育结合,开展各类活动。如2004年甘肃颁布的《关于组织实施"甘肃省未成年人健康成长行动计划"的意见》中提出:省文明办要整合创建载体,组织、协调、指导各地、各有关部门广泛开展未成年人思想道德实践活动。要深入开展"三讲一树"和文明学校、诚信学校、诚信家庭创建活动,开展道德、法律、科教、文化卫生"四进社区"活动,开展"无毒社区"创建活动,使学校、社会、家庭的教育有机地结合起来。

将开展和参与校外活动纳入考评体系之中有利于调动参与

主体的积极性。如《教育部关于联合相关部委利用社会资源开展中小学社会实践的通知》(教基一〔2011〕2号)中指出：构建并完善学生参加社会实践活动的评价机制。各地教育行政部门要探索把学校组织学生参加社会实践活动的情况和成效作为评价学校教育教学工作的一项重要内容,纳入对学校的综合考评体系之中。学校要对学生参加社会实践活动情况进行考核,及时做好活动小结和鉴定工作,并将考核结果逐步纳入学生综合素质评价和毕业资格认定范畴。再如《关于做好全国中小学研学旅行实验区工作的通知》(基一司函〔2016〕14号)中指出：探索建立研学旅行科学评价机制。各实验单位所在地方教育行政部门和学校要研究制定研学旅行活动的督导方式和评价标准,并纳入学校综合考评体系和学生综合素质评价体系。

根据评估主体与对象的不同,可以划分为五类：上级行政部门对下级行政部门的评估、行政部门对校外教育机构的评估、行政部门对学校的评估、学校对教师和学生的评估、校外教育机构对学校和学生的评估。

第一,上级行政部门对下级行政部门的评估。

对地方人民政府及其所属行政机关开展校外教育及校内外结合活动进行评估既有必要性也有可能性。地方政府不仅有落实国家教育方针的责任,而且也具有建设社会主义精神文明建设的政治责任,而开展校外教育活动恰恰被视为促进精神文明建设的重要途径。此外,我国实行教育督导制,2012年颁布的《教育督导条例》中指出：县级以上人民政府对下级人民政府落实教育法律、法规、规章和国家教育方针、政策有督导权力。

据此,地方政策中普遍提出对地方政府开展有关校外教育及校内外结合活动进行评估。如在甘肃省2010年颁布的《加强"乡村少年宫"建设实施意见》中提出:省文明委将"乡村少年宫"建设情况,纳入全省未成年人思想道德建设测评体系,定期调研通报,每两年组织一次集中检查。凡工作力度小,成效不明显的,不能进入省级文明城市和先进城市的考核范围。再如,北京市2011年颁布的《关于进一步加强中小学生社会大课堂工作的意见》指出,政府教育督导部门要将各部门和中小学开展社会大课堂工作的情况,纳入督导检查范围,开展定期督导,形成督导报告,并向社会公布结果。又如,2015年颁布的《山西省县级青少年校外活动场所评价指标体系》中还具体规定:县级教育行政部门重视统筹校外教育和学校教育衔接的发展,有校外教育活动的实施方案得3分;将校外教育活动纳入对学校综合考评体系得3分。否则不得分。

第二,行政部门对校外教育机构的评估。

《教育督导条例》中还规定,县级以上地方人民政府对本行政区域内的学校和其他教育机构教育教学工作有督导权力。校外教育场所作为其他教育机构也受政府督导。如2006年北京市《关于进一步加强和改进未成年人校外教育工作的意见》中指出:将校外教育工作纳入各级政府教育督导体系,制定校外教育机构评估标准,由市、区县政府教育督导室定期督导检查。市政府教育督导室会同市校外教育联席会议办公室研究制定《北京市未成年人校外活动场所公益性评估标准》,定期对所属的校外活动场所公益性进行考核、评估。在2010年颁布的《北京市校外教育机构办学条件标准》中，还特别提出：群众活动、社团活动、社会实践、游戏娱乐等要覆盖所在区域中小学校。

由于我国校外教育机构隶属的主管部门多元化，因此，除了教育行政部门的考核评估外，其他主管部门也可对所属校外教育场所进行评估考核。如江西省2004年颁布的《关于贯彻〈中共中央、国务院关于进一步加强和改进未成年人思想道德建设的若干意见〉的实施意见》中提出：各级公共图书馆、文化馆和文化中心要专门设立少儿阅览室、开辟少儿文化活动场所，并列入全省公共图书馆、文化馆评估定级的重要标准和条件。

第三，行政部门对学校的评估。

教育行政部门往往将开展校外教育活动作为学校发展和办学水平的考核依据对学校加以评估。如甘肃省教育厅2014年印发的《甘肃省校外教育综合试点工作方案》中明确提出：加强校外教育工作的督导评估。市、县（区、市）两级教育行政部门要加强考核和督导评估，把开展校外教育作为区域和学校发展的重要工作内容。要把中小学校外教育活动的工作落实情况作为评价学校办学水平的重要依据，并定期开展校外教育工作的专项督导。

学校的发展与校长密不可分，对学校的评估往往也伴随着对学校领导业绩的考核。如2013年发布的《北京市乡镇校外活动站及乡村学校少年宫管理办法》中提出：各区县教委要将活动站与乡村少年宫建设、管理、使用情况的考核结果，纳入学校教育管理评估体系，与学校和校长的评优、评先挂钩。

第四，学校对教师和学生的评估。

校内外教育的结合最终要落实在教师和学生身上,因此对教师和学生的评估具有重要意义。

在对教师评估方面,《上海市校外教育工作三年行动计划(2009—2011年)(试行)》中指出:要鼓励班主任和各学科教师积极参加校外教育活动的指导,各区县教育行政部门要把教师参加校外教育工作纳入工作量的统计范畴。2013年北京市颁布的《乡镇校外活动站及乡村学校少年宫管理办法》中也指出:学校要将辅导工作纳入教师工作量,对担任辅导员的教师进行业绩考核,考核结果与教师评优、评先挂钩。

在对学生进行评估方面,《上海市校外教育工作三年行动计划(2009—2011年)(试行)》中规定:积极探索中小学生参加社会实践的多元评价机制,把学生参加社会实践活动、志愿者服务的情况作为学生综合素质评价的重要依据和晋升高一级学校的必要条件。为了有效记录学生参加实践活动的情况,上海市还配套开展了社会实践活动"一卡通"建设项目。

第五,校外教育机构对学校和学生的评估。

一些地方试点建立校外教育的多元评价体系,使校外教育机构不仅可以对参与实践活动的学生进行评估,而且可以对学校组织学生参与校外活动进行评估。这在一定程度上赋予校外教育机构特殊的权限。

如2014年颁布的《甘肃省教育厅关于开展校外教育综合试点工作的通知》中指出:试点地区和校外活动场所要积极探索中小学生参加校外教育活动的多元评价方式,进一步完善评价指标和实施方案,把学校组织学生参加校外活动以及学生个人参加校外活动的情况,作为评价学校办学水平的重要内容和对学生进行综合素质评价的重要依据。

三、促进校内外教育基于立德树人的全面融合

党的十八大以来,党中央聚焦培养什么人、怎样培养人、为谁培养人这个根本问题,就教育改革发展提出了一系列新理念新思想新观点。教育改革发展要坚持党对教育事业的全面领导,坚持把立德树人作为根本任务,这也成为新时代校内外教育政策制定的重大原则。围绕立德树人根本任务,校内外教育深度融合、协同发展成为当前政策的主要议题之一。

(一) 教育均衡取向下公益性校外教育机构应承担更多社会责任

校外教育虽然处于基础教育阶段,但并不属于义务教育。因此,校外教育不属于基本公共服务,不是纯粹的公共产品。但20世纪90年代以来的政策中对校外教育营利进行了限制。如《少年儿童校外教育机构工作规程》(1995)中明确指出:校外教育机构开展各项活动不得以营利为目的,不得以少年儿童表演为手段,进行经营性展览、演出等活动。特别指出的是,在《关于进一步加强和改进未成年人校外活动场所建设和管理工作的意见》(中办发〔2006〕4号)中提出,未成年人校外活动场所不得开展以营利为目的的经营性创收。

受教育机会均等一直以来都是教育政策(特别是校外教育政策)所倡导的价值。2000年以后的教育政策中,在资源配置

方面对农村和贫困地区的倾斜日益显著。2000年,教育部部长陈至立在第一次全国青少年校外教育工作联席会议上的总结讲话中指出:中央财政筹集的资金主要用于补助贫困地区,特别是支持中西部地区青少年学生校外活动场所的建设和发展。《关于进一步加强和改进未成年人校外活动场所建设和管理工作的意见》(中办发〔2006〕4号)中也指出:加大农村未成年人校外活动场所的规划和建设力度。《国家教育事业"十一五"规划纲要》的发展思路中明确提出:坚持公共教育资源向农村、中西部地区、贫困地区、边疆地区、民族地区倾斜,国家财政新增教育经费主要用于农村,逐步缩小城乡、区域教育发展差距,推动公共教育协调发展。

在21世纪初县域普遍建立校外教育场所的基础上,在新时代逐渐向广大乡村倾斜。2016年《"圆梦蒲公英"暑期主题活动的通知》指出,城市少年宫等教育机构要根据实际面向乡村、贫困地区开展圆梦蒲公英——乡村学生看县城活动。这是政府首次从教育公平、教育均衡发展的角度对校外教育机构应该承担的社会责任作出的明确规定。[1] 在政策引导下,一些公益校外教育机构在具体实践中以多元化的"流动少年宫"形式"走出去",助力薄弱中小学校素质教育、活跃社区、乡镇少年儿童文化。在原有"大篷车"式打包活动送往学校、社区,以及远程援建的基础上,发展出留守儿童暑期少年宫、网上少年宫、乡村少年

---

[1] 康丽颖,任纪远.在扩张与融合中寻找校外教育发展之路[J].中国教育学刊,2018(2):1-6.

宫等多种形式。①

(二) 五育并举背景下公益性校外教育要凸显实践育人特色

实践育人是校外教育的鲜明特征。校外教育通过打造社会实践平台,借助劳动教育、志愿服务、研学旅行和社会考察等活动方式,充分发挥实践育人作用,让学生能走进自然、了解社会,通过亲身实践,开拓学生的视野,激发学生情怀,帮助学生增长才干。在新时代,校外教育实践育人在政策引领下,更加突出强调体系化和综合化。2017年,教育部印发了《中小学综合实践课程指导纲要》,这为校外教育实践课程化发展指明了方向。同时,实践活动要结合劳动教育、科技发展等,注重对学生健全人格的培养,促进学生全面发展。

德、智、体、美、劳五育一直为校外教育所重视。在五育并举的政策话语下,校外教育场所的价值日益凸显。2018年,习近平总书记在全国教育大会上强调,教育要培养德智体美劳全面发展的社会主义建设者和接班人,第一次提出了培养"德智体美劳"全面发展的人才培养目标。《中共中央国务院关于深化教育教学改革全面提高义务教育质量的意见》中提出的"坚持五育并举"成为各级各类教育遵循的重要原则。2020年3月,中共中央、国务院印发《关于全面加强新时代大中小学劳动教育的意

---

① 陈白桦.流动少年宫:校外教育的流动与均衡发展[M].上海:同济大学出版社,2015:100-117.

见》，在场所建设方面提出，充分利用现有综合实践基地、青少年校外活动场所、职业院校和普通高等学校劳动实践场所，建立健全开放共享机制。

(三)"双减"背景下公益性校外教育机构要充分发挥支持课后服务作用

2021年的"双减"政策对公益性校外教育机构支持学校开展课后服务提出了明确要求。

从完成"提升学校课后服务水平"这一重点任务来看，"双减"政策中明确提到在学校课后服务中"开展丰富多彩的科普、文体、艺术、劳动、阅读、兴趣小组及社团活动"。这些兴趣小组和社团活动正是公益性校外教育机构最为擅长和有经验的地方。此外，在"双减"政策"拓展课后服务渠道"中更是明确提到"充分利用社会资源，发挥好少年宫、青少年活动中心等校外活动场所在课后服务中的作用"。直接指出公益性校外教育机构必须在课后服务中发挥作用。在学校课后服务中，校外教育机构可以积极发挥作用，与学校对接，提供服务，教育行政部门可以统筹区域内校外资源，以优质校外教育资源支持提升学校课后服务质量。

从"扎实做好试点探索"这一工作部署来看，其中"合理利用校内外资源"也为公益性校外教育机构积极参与学校课后服务提供了政策空间。"双减"政策中明确提出，"鼓励有条件的学校在课余时间向学生提供兴趣类课后服务活动"，而兴趣类课后服务活动是校外教育开展的主要教育载体和形式。此外，政策提出"课后服务不能满足部分学生发展兴趣特长等特殊需要的，可适当引进非学科类校外培训机构参与课后服务"。公益性校外教育机构的培训主要是非学科类的,而且在公信力、公益性收费标准、小组活动上更有经验等方面具有优势。

第二节 公益性校外教育机构与家庭协同育人的政策话语变迁

新中国成立后,公益性校外教育机构与家庭协同育人的政策大致突出强调了借助公益性校外教育机构解决儿童课后家庭照护的尝试、推动公益性校外教育资源向家庭免费或优惠开放、拓展公益性校外教育机构家庭教育指导服务职能三个方面。

一、借助公益性校外教育机构解决儿童课后家庭照护的尝试

学校教育资源匮乏与儿童课后生活贫乏是新中国成立初期社会和教育场域的重要问题。1954年6月,教育部和团中央联合发出《关于加强少年儿童暑期活动的领导通知》,文件指出:"还有许多地区和学校对于儿童的暑期活动并没有给予应有的重视和领导,这些地方的少年儿童们,在漫长的假期中,得不到学校、教师和少先队辅导员的教育和指导,没有活动的场所,生活枯燥无聊,有些儿童还受到社会上坏人、坏事、坏书的影响,大

大地减弱或者抵消了效果。"通知要求各地切实加强对少年儿童暑期活动的领导,并协同有关部门为儿童创造校外活动的条件。1955年3月3日至12日,青年团中央召开第三次全国少年儿童工作会议。这次会议主要解决的问题之一就是少先队和儿童课余生活不活跃,不能满足少年儿童身心发展的要求。[①]

学校教育资源匮乏与儿童课后生活贫乏使儿童课后照护成为重要问题,儿童课后集体照护应时而生,公益性校外教育机构在其中承担了一定的责任。继《人民日报》发表评论员文章《大家都来办儿童校外教育机构》之后,共青团中央少年儿童部负责人在1958年6月28日的《中国青年报》上,发表了一篇关于如何"多快好省地建立儿童校外教育网"的谈话。[②] 在国家推动和家庭积极响应下,很多小型、多样、简易的校外教育机构在全国出现,很多这样的组织正是在少年儿童家中建立的,称之为家庭小组、小队之家等。

借助公益性校外教育机构解决儿童课后家庭照护在改革开放后得到了延续和深入。20世纪90年代,伴随市场经济的发展和城市化进程的加速,家长的工作时间与中小学生的放学时间出现了冲突。在推进中小学学生减负的工作中,各地对中小学学生在校时间和课外活动时间等都做了较为严格的规定,这无疑对减负工作有积极的影响。但这些政策在实施的过程中也面临着很多困惑和问题。其中一个较典型的问题就是学生放学

[①] 李春秋.中国小学教学百科全书:品德卷[M].沈阳:沈阳出版社,1993:19-20.

[②] 许德馨,张成明,穆向群.少年宫教育史[M].海口:海南出版社,2000:72.

时间和家长下班时间不同步,学生有较长时间处于脱离学校和家长监管的状态。部分中小学校通过开设晚托班的形式承担了课后托管的责任。伴随晚托班数量的限制、市场因素的介入等因素,部分晚托班逐渐变为收费的补习班,一些校外补习机构开始从中营利。2004年《教育部、国家发展改革委、财政部关于在全国义务教育阶段学校推行"一费制"收费办法的意见》、2009年《教育部关于当前加强中小学管理规范办学行为的指导意见》等文件相继颁布,对学校收费、加班加点补课等问题进行了规范,一些有偿晚托班相继关闭。此后,地方政府开始逐步制定符合各地发展特征的地方性课后服务政策,其中对公益性校外教育机构在课后托管中的作用等做出了相应要求和建议。例如,上海市教委2014年2月7日出台沪教委基〔2014〕8号文件《进一步做好本市小学生放学后看护工作的若干举措》,要求区县教育部门整合街镇社区学校、其他社区服务的公益性组织、学校等各种社会资源,为学生提供放学后看护服务。市教委要求学校在提供看护服务期间,可以安排学生做作业、自习、做游戏和课外阅读等活动,也可与城市、乡村学校少年宫活动相结合,组织学生参加各类文体活动。再如,浙江省教育厅2013年11月公布了《在小学鼓励开展学生放学后"托管"服务的指导意见》,鼓励利用城市学校少年宫等阵地,着力解决学校放学后部分学生无人照看的问题。省教育厅要求各地教育局应主动联系文明办、民政、社区等部门,利用城市学校少年宫、社区活动中心等,多方联手共同开展"托管"服务。在解决"三点半难题"时,各地政策突出强调了学校、社会和家庭开展协同行动,形成合力。

在社会方面,充分发掘和调动了少年宫、科技馆等公益性校外教育机构的潜能,协助解决家庭课后照护问题。

二、推动公益性校外教育资源向家庭免费或优惠开放

从宏观背景上看,改革开放以来至20世纪末,家庭、学校、社会三结合受到重视,公益性校外教育机构开展家庭教育工作在政策表达中初见端倪。以中央层面发布的《中共中央关于改革学校思想品德和政治理论课程教学的通知》(1985年)、《中共中央关于改革和加强中小学德育工作的通知》(1988年)、《中共中央关于进一步加强和改进学校德育工作的若干意见》(1994年)为代表,逐步提出了"社会教育、家庭教育与学校教育三结合"的概念。例如,《中共中央关于改革和加强中小学德育工作的通知》(1988年)中提出:关心和保护中小学生健康成长,不仅是教育部门和学校的职责,而且是全社会的责任和义务。要把社会和家庭教育同学校教育密切地结合起来,形成全社会关心中小学生健康成长的舆论和风气。社会教育、家庭教育与学校教育三结合成为实施德育的重要途径。1993年发布的《中国教育改革和发展纲要》中提出,全社会都要关心和保护青少年的健康成长,形成社会教育、家庭教育同学校教育密切结合的局面。并具体指出在城镇建设中,要注意兴建科学馆、博物馆、图书馆、体育馆和青少年之家等设施。首次将社会教育、家庭教育

与学校教育三结合的相关要求写入国家教育规划。[①]

从校外教育自身发展来看,中央立足于应对市场不良环境因素对儿童课余生活影响的考量,大力在全国范围推进公益性校外场所建设,公益性校外教育机构遍布区县。20世纪90年代以来,校外教育事业得到迅速发展。各地教育部门,各级共青团、妇联组织等均兴办少年宫等各种校外教育机构。据全国妇联儿童部的调查,20世纪90年代末,全国已有各类儿童校外活动阵地近万所。其中教委系统所属1 700余所;妇联系统所属妇女儿童活动中心2 524所;共青团系统所属儿童活动阵地已达2 200家。[②] 2000年前后,伴随市场经济体制建立,网吧和电子游戏厅等蓬勃发展,其对儿童身心健康的危害问题引起中央的关注。中共中央办公厅、国务院办公厅于2000年6月3日正式印发了《关于加强儿童学生活动场所建设和管理工作的通知》,其中规定:"除了各级人民政府的财政资金投入外,还可以从体育彩票和福利彩票的公益金中拿出一部分,专门用于补助儿童校外活动场所的建设和维护。""力争'十五'末期,全国90%以上的县(市)至少有一所儿童宫或活动中心等儿童学生校外活动场所。"

在此时期,从国家层面的政策高度,突出强调校外教育的公益性,推动公益性校外教育资源向家庭免费或优惠开放。如1993年颁布的《中国教育改革和发展纲要》中指出:全社会都要

[①] 边玉芳,周欣然.我国70年家校合作:政策视角下的发展历程与未来展望[J].中国教育学刊,2021(3):1-6.

[②] 许德馨,张成明,穆向群.少年宫教育史[M].海口:海南出版社,2000:198.

关心和保护青少年的健康成长,形成社会教育、家庭教育同学校教育密切结合的局面……在城镇建设中,要注意兴建科学馆、博物馆、图书馆、体育馆和青少年之家等设施,要制定和完善公共文化设施对学生开放和减免收费的制度。2004年文化部等十二部委还联合发布了《关于公益性文化设施向未成年人免费开放的实施意见》(文办发〔2004〕33号),专门强调了加大公益性文化设施向未成年人免费开放力度,文件指出各级各类公益性文化设施在对未成年人等社会群体实施免费开放的同时,要按照"贴近实际,贴近生活,贴近未成年人"的要求。在地方政策中,面对广大青少年儿童开放校外场所资源主要包括两方面内容。其一是公共文化场所要免费或优惠向未成年人开放。如《山东省素质教育推进计划(2011—2015年)》中强调:各类青少年宫、青少年学生活动中心、儿童活动中心、青少年社会实践基地、科技馆、博物馆、青少年爱国主义教育基地等场所对未成年人免费开放。其二是校外教育场所要挖掘自身资源的教育性,提升服务未成年人教育的水平。如江西省2004年颁布的《关于贯彻〈中共中央、国务院关于进一步加强和改进未成年人思想道德建设的若干意见〉的实施意见》中指出:要进一步加大挖掘、整合力度,整体包装全省重点革命历史资源,积极打造集红色文化、红色教育、红色旅游为一体的"红色产业"。对一些设施陈旧、展览手段落后的爱国主义教育基地,当地政府应多渠道筹集资金,给予必要的支持,以进一步充实教育内容,创新展览方式,改善表现手段,提升陈列档次,增强实际效果。

与此同时,国家为青少年校外教育活动场所的建设和维护提供了一笔专项经费。《关于加强青少年学生活动场所建设和管理工作的通知》(中办发〔2000〕13号)中指出:"可以从体育彩票和福利彩票的公益金中拿出一部分,专门用于补助青少年校外活动场所的建设和维护。"此后,财政部等《关于增加彩票发行额度筹集青少年活动场所建设及维护资金的通知》(财规〔2000〕18号)中详细指出:"为补助青少年活动场所建设及维护所筹集的彩票公益金,由民政部和国家体育总局集中缴入财政部预算外资金中央财政专户,50%由中央财政分配,50%返还给省级财政。该项资金实行分账核算,专款专用。中央财政集中的公益金,统筹用于补助贫困地区的青少年宫或活动中心的建设及维护;省级财政支配的公益金,由省级政府用于补助本地区青少年宫或活动中心的建设和维护,以及补偿现有青少年活动场所因对青少年降低门票标准或免费开放而减少的收入。"

此外,国家在改善儿童校外活动条件的同时,也期望通过家访、家长会、家长学校等形式,对中小学生校外活动进行健康的引导和合理安排。①

推动公益性校外教育资源向家庭免费或优惠开放在新时期得到了延续和深入。国家教育"十二五"、"十三五"规划、《中共中央关于制定国民经济和社会发展第十四个五年规划和二〇三五年远景目标的建议》等重要文件中都提及了学校家庭社会协同育人机制建设。2023年1月年教育部等十三部门联合印发《教育部等十三部门关于健全学校家庭社会协同育人机制的意

---

① 李岚清.李岚清教育访谈录[M].北京:人民教育出版社,2003:394-395.

见》中明确提出"社会有效支持服务全面育人",并通过完善社会家庭教育服务体系、推进社会资源开放共享等实施。通过社会多元主体协作,形成全社会关心支持教育改革和发展的有利氛围,最终促进家校社的良性互动。① 政策还针对校外教育机构提出了具体措施,如各类爱国主义教育基地、法治教育基地、研学实践基地、科普教育基地和图书馆、博物馆、文化馆、非遗馆、美术馆、纪念馆、科技馆、演出场馆、体育场馆、国家公园、青少年宫、儿童活动中心等,要面向中小学生及学龄前儿童免费或优惠开放;常态开展宣传教育、科学普及、文化传承、兴趣培养和实践体验等活动,并通过设立绿色通道、线上预约、开放日等方式,为学校、幼儿园组织学生及幼儿或家长带领子女来开展活动提供便利。

三、拓展公益性校外教育机构家庭教育指导服务职能

党的十八大以来,立足于对家庭教育的重视,政府通过密集出台家庭教育、校外教育相关政策法规,促进和规范公益性校外教育机构发展,拓展公益性校外教育机构在开展家庭教育指导服务中的职能。

在家庭教育政策法规方面,党的十八大以来,习近平总书记多次强调家风、家教,党和国家对家庭教育高度重视,出台了一系列家庭教育相关政策和法律。2016年,教育部等九部委联合

---

① 康丽颖.构建协同育人新格局 健全协同育人新机制[EB/OL].(2023-1-19)[2024-06-10]. http://www.moe.gov.cn/jyb_xwfb/moe_2082/2023/2023_zl02/202301/t20230119_1039756.html.

发布的《关于指导推进家庭教育的五年规划(2016—2020年)》明确指出:依托儿童之家、少年宫、儿童活动中心等,普遍建立家长学校或家庭教育指导服务站点。首次从国家高度明确了公益性校外教育机构的家庭教育指导服务职能。这可以看作校外教育发展的一个历史性突破。[①] 2019年中共十九届四中全会从国家治理体系现代化高度明确提出构建覆盖城乡的家庭教育指导服务体系,支持家庭教育发展。公益性校外教育机构成为家庭教育社会支持体系的重要组成。2021年通过的《中华人民共和国家庭教育促进法》中明确提出,少年宫、儿童活动中心等公共文化服务机构和爱国主义教育基地每年应当定期开展公益性家庭教育宣传、家庭教育指导服务和实践活动,开发家庭教育类公共文化服务产品。从法律高度确立公益性校外教育机构与家庭合作的责任和任务。

在校外教育政策方面,近期出台的部委和地方政策中,协同育人不仅指社会资源的协同、校内外教育的协同,还包括与家庭的联动等指向。如2021年颁布的《关于加强和改进新时代上海未成年人校外教育的意见》,将开放协同作为校外教育发展的重要原则,指出发挥教育综合改革牵引作用,以体制机制创新推进各学段衔接、家校社联动、校内外协作、线上线下融通,营造良好的校外教育生态。2022年共青团中央、全国少工委发布的《青少年宫管理工作条例》,在青少年宫的工作任务中明确指出,青少年宫的基本任务包括促进社会、学校、家庭教育融合,做好示范引领。

---

① 康丽颖,任纪远.在扩张与融合中寻找校外教育发展之路[J].中国教育学刊,2018(2):1-6.

第三章

公益性校外教育机构、学校与家庭协同育人的组织规范变革

在新制度主义社会学中,制度的三个要素之间相互作用。在规制性要素和规范性要素之间,规制性要素是强制的、正式的制度,它倡导的价值取向是规范性要素的重要来源;同时规范性要素所倡导的责任、义务、价值、行为措施等也会催生并形成新需求,影响规制性要素的修改和制定。在规范性要素和文化—认知要素之间,规范性要素在人们的共同理念和行为基础上形成;同时,规范性要素被人们理解和认同后,就会在人们头脑中形成行动逻辑,构成文化—认知要素。[①] 规范性要素在此有着"承上启下"的作用。本章探讨协同育人中公益性校外教育机构、学校和家庭在协同育人中社会对各主体的责任期待,以及在社会责任期待下公益性校外教育机构开展协同育人活动的组织方式、措施及困境。一方面通过探索社会对协同中公益性校外教育机构、学校和家庭的责任期待,回应前一章政策的形塑作用;另一方面通过揭示行动者采用的组织方式和措施,为后面章节中行动逻辑的阐述奠定基础。

第一节　公益性校外教育机构与学校协同育人的组织规范变革

问卷调查显示,在公益性校外教育机构与学校协同育人实

---

① 李相禹,彭茜. 新制度主义视角下实施"三孩"生育政策及配套支持措施的制度分析[J]. 广州大学学报(社会科学版),2022(1):125-135.

践中,送课入校、组织学生到校外参加活动、校内外教师共同培训或教研是主要的活动组织形式。见下图 3.1。

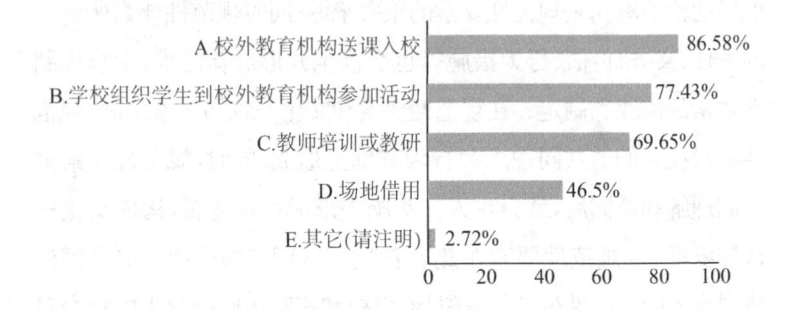

A.校外教育机构送课入校　86.58%
B.学校组织学生到校外教育机构参加活动　77.43%
C.教师培训或教研　69.65%
D.场地借用　46.5%
E.其它(请注明)　2.72%

图 3.1　公益性校外教育机构与学校协同育人实践的活动组织类型

在公益性校外教育机构与学校协同育人实践中,平均每周开展一次活动的频率最为普遍,这一频率占总频率的 41.25%。其次为平均每月开展一次活动和平均每学期开展一次活动,活动频率占比分别为 19.46% 和 17.7%。见下图 3.2。

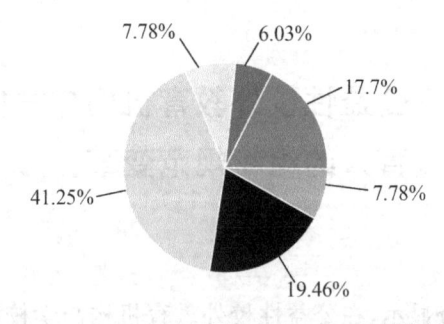

7.78%　6.03%　17.7%　7.78%　19.46%　41.25%

● A.基本不开展　　● B.平均每学期开展一次　　● C.平均每季度开展一次
● D.平均每月开展一次　E.平均每周开展一次　　F.基本每天都开展

图 3.2　公益性校外教育机构与学校协同育人实践的活动频率

依据实地调研,"双减"政策背景下基于支持学校课后服务的送课入校一般每周开展一次;组织学生到校外参加活动、校内外教师共同培训或教研一般而言以每月、每学期开展一次的频率为主。这一推断与上述活动形式和活动频率统计结果大致吻合。

在描述性统计的基础上,以政策分析、访谈和案例为主要依据,重点探讨活动入校、请入场馆、课程孵化和项目培育等几种活动组织形式、规范、困境,以及社会对校内外责任期待的变革。

一、补充的责任期待与"活动入校""请入场馆"的活动组织方式与措施

新中国成立初至二十世纪八九十年代,人们总体上认为校内外教育是补充关系,即期待公益性校外教育主要职责是对学校教育内容、形式和时空等的补充。校内外教育协同的主要组织形式和规范则是将校外活动送入学校、将学生请入校外教育场馆体验。这一组织形式和规范一直延续至今。

(一) 公益性校外教育对学校教育补充的责任期待

早在1957年《关于少年宫和少年之家工作的几项规定》中就强调了少年宫等的基本任务就是配合学校。伴随校外教育的发展和校内外关系逐渐密切,这种补充关系在政策表达中演变为相互补充。如《关于进一步加强和改进未成年人校外活动场所建设和管理工作的意见》(中办发〔2006〕4号)中指出:公益性未成年人校外活动场所是与学校教育相互联系、相互补充,促进

青少年全面发展的实践课堂。

公益性校外教育机构在活动中承担了补充学校教育的角色。这种补充包括:校外教育是学校教育时间与空间的延伸;校外教育是学校教育内容的进一步拓展;校外教育是学校个性化教学和因材施教的补充和延伸。[1]

校外教育的"外"既体现在学校正规课程体系之外,也体现在学校课后、节假日等学校上课时间之外,同时,还体现在学校教室之外。校外教育是学生在学校系统化学习之外时空的有益拓展。学生除了教学时间和空间外,还有着广阔的课余天地。在这些场合里,学生广泛地与老师同学交往,自由地与自己的伙伴、亲人及社会上各方面的人接触,接纳各种信息,受着各种影响。[2]

在校外教育实践者心目中,校外教育的补充作用甚至在"填补"学校教育内容的空白。在日常语言中,"补充"有两个含义,其一是原来不足或有损失时,增加一部分;其二是在主要事物之外追加一些。[3] 填补的含义是补足空缺或缺欠。[4] 补充强调了对不足的增加,而填补则强调了对空缺的补足。从校外教育实

---

[1] 康丽颖.校外教育的概念和理念[J].河北师范大学学报(教育科学版),2002,4(3):24-27.

[2] 瞿葆奎.教育学文集·课外校外活动:第11卷[M].北京:人民教育出版社,1991:277.

[3] 中国社会科学院语言研究所词典编辑室.现代汉语词典[M].5版.北京:商务印书馆,2005.108.

[4] 中国社会科学院语言研究所词典编辑室.现代汉语词典[M].5版.北京:商务印书馆,2005.1351.

践者的表达中可以看出,在实际使用中,他们所传递的含义更多是"填补",特别是一些实践者"填补空白"话语的使用。他们所要强调的是校外教育开设学校教育没有的内容,这是校外教育与学校教育共存中安身立命的根本。正如一位宫主任所说的:"填补空白对青少年宫具有生存的现实意义。学校所掌握的资源太强大了,所以我们开我们本专业,就是我们所能掌握资源的课程。比如,我们所在的城市是一个轻工业城市,我们有飞机研究所、飞机制造公司,那么我们开航模课就没问题了,我们有大量的航模协会的专家在支持。我们请的老师的专业水平是没有问题的,这可能是学校所不能替代的。还有陶瓷,我们拥有国家级的大师,所以像这种课程,我们是有先天优势的。所以,我们都会结合地区的特点开设校内没有开设的课程。这个我们不是补充,而是填补,这就解决了我们的生存问题。正因为学校不开(这些课),那么周六、周日某些家长就会选择让孩子接触一些学校没开的课。"(mciyl01)

在人才培养方面,校外教育可以对学校教育中某些有资质、有兴趣的学生进行专门培养和指导。在知识的选择与组织上,学校教育中的知识更加宽泛,它涉及一个合格社会成员所应具备的方方面面的知识,校外教育中的知识更精深,它将学校中体育、科学、美术、音乐等每一大类知识都细分为若干个小专业知识,从而使每一种知识都具有一定的专业化表现;学校教育中以班级授课的方式进行知识的组织,使公共知识在"授"与"受"的传递方式中得以合法化,而校外教育中则以小组教学的方式进行知识组织,使个体化的知识在建构中得以生成。① 因此,学校教育塑造了具有共性的社会成员,而校外则在此基础上培养了具有差异性的个体。

(二)"活动入校"与"请入场馆"的组织方式与措施

1. 活动入校模式

(1) 活动入校模式的形成与特征

活动入校模式的形成,与少年宫等公益性校外教育机构的历史定位有关,这种模式的发展则与学校开展课后服务的困境等因素密不可分。

①送活动入校是公益性校外教育机构的传统职能

支持学校社团建设是少年宫等公益性校外教育机构的传统职能,也是公益性校外教育机构与学校合作的早期形式,具有一定的传统和积淀。

> 最早的合作那可早了,在很多年之前我们就一直在合作,那时候的合作可能没有现在这么多。大概1990年,当时我还记得他们少年宫有一个负责摄影的老师,到我们这来帮助我们办摄影的兴趣小组,指导我们。(st10)
>
> 从各个区的少年宫情况来看,从"330"这个计划(2014年)实行以后,他们基本上会给学校提供一个菜单式的服务,

---

① 王海平,康丽颖.知识社会学视野中的课程设置与实践:学校教育与校外教育的异同性分析[J].首都师范大学学报(社会科学版),2012(1):66-71.

就是拉出来老师的课程,学校进行选择,少年宫同意,这个老师就到那边去上课了,所以结合得很紧密。(eprel01)

作为第一部专门的校外教育政策文件,1957年颁布的《关于少年宫和少年之家工作的几项规定》中就明确指出:少年宫和少年之家要帮助学校的课外活动和少先队的活动,并在具体的工作内容中帮助学校开展科学技术、艺术小组等活动。二十世纪五六十年代,天津市少年宫、上海宝山县少年宫、江苏省扬州市少年之家等校外教育机构专职教师,利用空余时间将校外教育活动送到周边中小学和社区,形成了流动少年宫的雏形。2005年起中国福利会少年宫连续十年开展"爱心传播——流动少年宫走进随迁子女学校"专项活动。通过双周固定时间去两所学校,轮流为该校学生开展科普、艺术兴趣小组进班级活动。[①]

②送活动入校应学校之需

学校之所以愿意请少年宫等教师送课入校,一方面因为在艺术、科技等方面少年宫教师更为专业,有助于学生的发展;另一方面则因为学校教师学科教学任务较重,无暇进一步开展课后活动。

我们有送课入校,辐射了28所中小学。我们每学期会

---

① 陈白桦,等.流动少年宫:校外教育的流动与均衡发展[M].上海:同济大学出版社,2015:101.

用 8 周的时间为这些学校送课。我们所送的课都是学校不擅长的。(mcoel02)

比如说学校里面,如果需要成立一个乒乓球社团、围棋社,把我们的老师给学校派过去,学校只要给他安排时间,免费给学生培训。学校一般会在放学后做社团活动,但不是说每天放学以后(都有),他们是礼拜二统一活动。(wcoel01)

我们学校老师精力是有限的,基本上16—18节课就满了,不可能再有精力去做研究了。(st09)

少年宫的一些老师会来指导我们学校的一些社团活动,少年宫的老师从专业角度来说还是比较强的,跟学校的老师不太一样,比如,学校里教科学的老师可能大部分是从班主任或其他学科协调过来的,他们的专业能力相对比较弱,因此少年宫请一些专业的老师过来给我们指导,孩子们会从中受益。(st10)

当前"双减"政策中指出,提高课后服务质量,开展丰富多彩的科普、文体、艺术、劳动、阅读、兴趣小组及社团活动。公益性校外教育机构按照一定的频率(一般为每周一次)打包活动送进学校、直接在学校组织兴趣小组和社团成为支持学校课后服务的主要活动模式。例如,北京市西城区推行的点"餐"到校丰富课后服务内容成为教育部办公厅推广学校落实"双减"典型案例。① 这一模式以培养学生兴趣和特长为主要定位，以年级为主要划分标准，以校外教师直接到学校组织和指导社团活动为主要方式。

（2）活动入校模式的困境

①公益性校外教育机构师资不足

对于送课入校而言，公益性校外教育机构中的教师数量明显不能满足学校的需求。虽然2000年以来，公益性校外教育有了长足的发展，规模上有了大幅度提升，但与学校教育规模相比，还远远不足。

> 他们（少年宫）的老师少，却要覆盖到周边的很多学校。例如，周二我们缺一个教航模的老师，但是他这个时间可能在别的学校辅导，来不了，我可能就换人，不用他了。比如，我通过别人推荐找到其他老师，人家老师来了以后又把控得很好，后续少年宫的老师就进不来了，因为老师一旦定下来，他教得又很好，孩子又喜欢他，后续孩子打比赛又有成绩，肯定不再需要少年宫的老师了。（st09）

②校内外管理者的担忧

在将校外活动送入学校的过程中，校外教育管理者往往顾虑重重。他们认为在课后服务的管理和育人等方面都存在着一

---

① 教育部办公厅.教育部办公厅关于推广学校落实"双减"典型案例的通知[EB/OL].(2021 9 18)[2023-8-24]. http://www.moe.gov.cn/srcsite/A06/s3321/202109/t20210926_567037.html.

定风险。

首先是公益性校外教育机构教师来学校在管理上存在一定的风险。由于一些地区缺乏保险、附加协议等具体措施,校外教育机构管理者承担了很多风险。如果规避这些风险,很多活动就难以顺利展开。一位少年宫主任坦言:"我们单位有十辆公共的电动自行车,用于老师去各个学校教课。在路上如果出了危险是不是算我们的责任?而我们与老师签订的协议里面,主要涉及在本地发生的劳动关系。我派出的劳动关系,实际上我并没有和老师签过协议,除非再签订补充协议。"(eciel01)

其次是送活动入校在育人上的风险。这一风险并不直接指向公益性校外教育机构教师,而是由于公益性校外师资数量不足,以及社会上其他师资在质量上难以监控造成的。在学校大量引入社会上的课外活动资源时,一些公益性校外教育机构管理者提出了质疑。他们认为引进社会资源时没有让专业人的做专业的事,其中存在风险。访谈中,一位校外教育管理者指出:

> 大多数是一些学生去学校里上课。我们公立校外教育机构的老师都得有教师资格证或专业资格证。而这些学生两证都没有。所以我认为是没有资格证的人在做这件事。我们教小学有小学教师资格证,教中学有中学教师资格证。大学老师来课外活动上课,他有小学教师资格证吗?有了大学教师资格证就可以教小学吗?很多的社会力量、高校力量都加入,但我觉得这可能是暂时帮一把

忙。我觉得未来还应该是专业的人做专业的事。任何一个特殊年龄段都有它的规律，在这个特殊年龄段的心理特征基础上进行专业发展。这个时候不应该什么内容都进校园。像交规现场视频，我自己的女儿就看过，她晚上回家就做噩梦，一直哭。(eciel01)

一位学校管理者也指出送活动入校在资质审查中的困难。

资质的审查，主要对这个机构，我看他的证件是不是合格，比如，一个科技的教育机构，可能把上课老师的情况发给我了，但如果是大学的在读研究生，他课上讲了一个半小时，我能全程跟着吗？我跟不了。他如果有一些意识形态的东西给孩子渗透了，我知道吗？我也不知道。上级规定老师必须要有教师资格证，但是不可能所有老师都有教师证，如果都要有教师证的人，一周这几天很难聘请到足够多的人，这是显而易见的。所以对于这种情况，我觉得对老师的质量把控，是挺不好把握的。(st10)

③学校教师的无奈

学校教师是课后服务的重要参与者，他们对制度的理解与执行是政策"落地"的关键因素。一些地方政府通过购买服务的形式将免费的校外教育送入学校。为了更好地保障校外教育活动的运行，政策中要求学校教师也要参与到校外教育活动中来。在如此衔接中，校外教师获得了比学校教师更高的报酬，这引起了学校教师的不满和抵触。

首先是政策文本困境。早期的相关政策中，配套制度尚不完善。例如，北京市于2014年出台了《关于在义务教育阶段推行中小学生课外活动计划的通知》，要求各区县、学校在周一至周五15:30至17:00的课外时间安排活动，每周不少于3天，每天不低于1小时。这一政策为校内外教育衔接带来了契机。北京课后活动计划中，政策投入的生均经费主要用于外聘教师费用、场地租用费、低值易耗品购置费，以及购买社会服务产生的费用等，不能直接发给学校教师。但政策中规定：要充分利用校内教师的优势及特长，承担组织管理、协助授课等辅助性工作。因此一些学校教师对这个活动计划会存在一定的抵触情绪。

其次是教师源自参照群体比较的不公平感。对于《课后活动计划》，学校教师一般都认可其对学生的意义。课后活动可以丰富学生的业余生活，培养学生的兴趣爱好。但从教师的角度看，放学后的工作无疑会增加他们的工作量，而这些工作往往是无偿的。因此，一些教师可能会对这个活动计划产生抵触情绪，甚至出现消极怠工的现象。

> 从孩子的角度看，课外生活变得更丰富了，更有助于培养动手能力，还是不错的，而且没有停留在假大空的层面。要是从老师的角度来说，增加了工作量，像我们教科学，学校要求科学活动和科学课的内容不一样，还得多一些。负担就增加了。教学内容相同，待遇却不同：外校教师的工资很高，本校的老师是没有工资的，所以偶尔也听到有人说不

合理的。(st01)

肯定是更累一些，周四上午有三节课，下午又有两节课，然后是一个半小时的活动课，感觉已经没有力气了，真的没那么多力气给他们讲课了，主要是时间太长了。周四下午如果没有课或者只有一节课还好，但中午还得负责看护学生用餐，从早上九点开始一直撑到下午，学生又多，不可能指导得那么精细，就是达到普及的程度吧。(st05)

从我上第一节课开始，这位老师就在课堂上打了个招呼就走了，他就下班了，所以说课堂上的管理，还有这些器材的整理，送孩子放学这些都是我来做的，这根本就不在我的职责范围之内，我觉得这有些欺负年轻老师，这个事情可大可小，送孩子回家，这本身不是一个很大的事情。但是如果孩子出了问题，那事情就非常大了，这个职责算到谁的身上呢？这个事情应该是学校老师来做的，如果出了问题，他就属于把这个职责转移到了我的身上。(eciet01)

如果教师的无偿付出可以换来学生的发展，那么凭借使命感和责任感，教师对课后活动的抵触情绪不会太大。但当学校教师与校外教师共同工作，只有校外教师可以拿到报酬时，学校教师的不平衡感便产生了。

其实学校在开展这个活动当中也是有很多困难的，因为需要给校外机构配两个学校的老师来帮助他们管理这个活动，这些学校的老师负责把孩子带到课外活动的教室当中来,然后上课的时候给这些少年宫老师做一些辅助,活动结束以后,学校教师会把孩子送走。对于少年宫的老师来说,这些都不是我们的任务,问题也出在这里,如果正常的话,学校老师在参加这个活动当中所要付出的时间和精力是比少年宫老师要多的,但是少年宫老师上完一节课的薪资是300元,据我了解,中小学的老师参加这项活动一节课的费用从10元到30元不等,所以说,在薪资上差得还是比较多的。(eciet01)

孩子上课是一个半小时,但我们必须准备完整的教案和教具,所以我需要花费三到四个课时的时间。说实话,这个活动是给教育口的老师增加了一份负担,虽然有一定的报酬,但实际上增加了负担,而且这个报酬比校外老师低。校外教师只负责授课,我们学校有一个人专门负责组织教学,因此我们的工作量比他们大。但现在就是这样,我们也只能当是奉献了。作为业内的人,咱们还得讲奉献,有其他学校,人家就是撒手不管,这个点儿所有外请的老师自己负责,但是我们学校还是本着对孩子负责的态度,因此我们学校老师会更加辛苦。(st04)

学校老师下班时间变了,时间延长。还有一个就是工资待遇的问题,比如说学校老师开一个活动的社团,给的课时费就很低,外聘老师的费用与我们老师上活动课的费用是不一样的,差得很多,我两个月的收入都赶不上,所以说,学校老师的积极性受到很大打击。我也经常去外面学校上一些外聘的课,这是因为我上一节课的费用,都赶得上在这

里(学校)上三个月的费用。(st05)

美国心理学家约翰·斯塔西·亚当斯提出了公平的社会比较理论。他认为,人是社会性的,进行社会比较和追求公平是人的天性。人们的不公平感并非来源于结构性地位,而是来自社会比较。[①] 也就是说,人们的不公平感不是来自其较为低下的社会地位,而是来自与他人的比较。人们的不公平感是通过与参照群体的比较产生的。学校教师将校外教师作为自己的参照群体,在与他们的比较中,产生了不公平感。学校教师认为自己与校外教师的工作量相同,甚至比校外教师工作量还大,应该享有相同的待遇。如果只有校外教师能够获得政府补贴的课酬,那么学校教师应该不参与课后活动。

④校外教师的矛盾

校外教师是课后服务的主要组织者和承担者,直接决定了活动计划落实的成败。一些校外教师在学校进行活动时,并不完全认可活动计划的理念和做法,甚至在认识上存在冲突,出现了"违心应付"的现象。

首先是全员参与和个性发展、自主选择的校外教育理念的冲突。课外活动计划面向全体学生,参与率非常高。但学生的参与度导致了每一项活动的学生人数较多,这使得校外教师在组织活动时很难照顾到个别学生,不利于学生差异化发展。访

---

① 龙书芹,风笑天.社会结构、参照群体与新生代农民工的不公平感[J].青年研究,2015(1):39-46,95.

谈中,一些老师指出:少年宫可以控制招生规模,例如,科技类活动一般 8 个人一班,艺术类活动甚至可以实施一对一的课程。但课后服务不同,一个班有 20—40 个学生。很难关注学生个体差异,保证质量(eciel01)。有的校外教师坦言:"一个老师带这么多的孩子,管理上很混乱,以前我还想带着孩子做几件比较好的作品。现在已经不敢去想了,孩子太多了,一节课一人讲一句话,这节课就结束了。"(eciet02)此外,每个活动能容纳学生的数量毕竟是有限制的。因此,难以保障每个学生都能自由选择喜好的活动。这就使得一些学生被迫参与一些并不感兴趣的活动,从而降低了学习动力和效果。访谈中,一些老师指出:在学校组织的课后服务一般采用每个班平均分配名额的方式(eciet02)。"有一些孩子虽然有比较明确的喜好,比如舞蹈、唱歌,但是这些社团已经报满了,所以学校就给他们安排了其他活动。这样的话学生的学习效果并不是很好,因为他们学的并不是他们最喜欢的活动项目。"(eciet02)根据课外活动面向全体学生的原则,在推行全员参与课后活动的过程中,由于学生多,教师少,导致校外活动从小组活动变为班级授课,学生个性和自主发展很难得到保障。这与校外教育实践者的理念相悖。

其次是成果取向和重视过程、活动育人的校外教育理念的冲突。一些学校在选择实施什么样的校外活动时,会在成绩导向下,开展可以在短时间内快速出成果的活动。访谈中,一些老师指出:学热门的、能体现学校特色的校外活动,学校支持的力度就大一些;不能体现学校特色的兴趣培养的校外活动,就不能得到学校更多的支持(eciet05)。一位沙画老师指出:沙画必须得有长期学习的过程,不是学个一年两年就能马上创作的。我现在刚教第二个学期,校长希望下学期直接录教学视频,做一个展示。学校里会有个单独汇报,学校也会有这样的压力。我说可能录不了,这个东西不是学几节课就能马上做出来的(eciet08)。此外,很多家长也乐于让孩子参与可以"显山露水"的活动。"现在家长有点太急功近利了,现在的孩子学舞蹈的、学跆拳道的、学空手道的比较多,但是学中国武术的就很少。因为学舞蹈这些东西经常会有比赛,或者说这些项目都是能够显山露水的。"(eciet02)成果取向与校外教育实践者的教育理念相左。

2. 请入场馆模式

(1) 请入场馆模式的发展与特征

①校外教育场馆活动平台的拓展

素质教育作为21世纪中国教育的总体规划,对校外教育场馆活动平台的建设产生了深远影响。单一的学校教育无法完成素质教育的任务,需要社会的配合,以及社会资源的融入,从而促进了校外教育场馆的大规模建设及与学校教育的协同实践。李岚清指出:全面实施素质教育只依靠学校是不够的,还要依靠政府、社会、家庭等的共同努力,为实施素质教育创造良好的社会大环境。[①] 动员社会力量、强调共同责任也是历年来校外教育政策所强调的价值原则。

---

① 李岚清.李岚清教育访谈录[M].北京:人民教育出版社,2003:396.

全面推进素质教育需要大量的校外教育场馆。但校外教育供给侧严重不足是一个严峻而现实的问题。而且"校外教育的辐射面仅限于城区,广大的农村镇乡没有校外教育机构,70%以上的农村儿童少年无法获得正规的校外教育"。[1] 为此,我国以政府投入为主要方式,兴建和改建一批校外教育活动场所。政府投资可分为两部分,其一来源于地方政府财政支持。如《上海市校外教育工作三年行动计划(2009—2011年)(试行)》中指出:政府举办的公益性校外教育活动场所建设和改造资金应以政府投入为主,各级政府要把校外教育活动场所开放、运转、维护和开展公益性活动的经费纳入同级财政预算,切实予以保障。其二来源于国家彩票公益金。如江西省2004年颁布的《关于贯彻〈中共中央、国务院关于进一步加强和改进未成年人思想道德建设的若干意见〉的实施意见》中指出:各级政府对属于公益性文化事业的未成年人校外活动场所建设和运行所需资金要予以保证,省里将从中央返还的彩票公益金中安排一定数额资金,用于资助未成年人活动场所建设。

在政府投入的支持下,校外教育场所的软、硬件均得到跨越式发展。2014年,时任教育部基础教育一司司长王定华在接受记者采访时,谈及了2000年到2014年我国校外教育发展的情况。从2000年启动至今,中央专项彩票公益金已累计投入171.6亿元人民币,专项支持青少年校外活动场所建设,其中既

---

[1] 朱渊文,葛巧芳,葛锦文.校外教育"一核多站点"均衡发展模式的探索[J].浙江教育科学,2014(2):35-36.

包括硬件投入,也包括公益性活动补助和师资培训等。目前,全国由政府投资兴建的青少年校外活动场所共 10 313 所,其中教育系统所属 8 707 所(独立建制的 3 307 所,依托乡镇中心学校场地建设的乡村学校少年宫 5 400 所),其余分属于共青团、妇联和科协系统。[①] 2016 年,全国由政府投资兴建的各类校外活动场所已达 15 337 所。[②] 此后,中央专项彩票公益金持续支持校外教育发展。2011 年,财政部发布的《中央专项彩票公益金使用情况公告》显示,新增的"未成年人校外教育事业项目"替代了原来的"青少年学生校外活动场所建设项目"。该项目由中央文明办、教育部等部门组织实施,主要用于校外教育活动保障、未成年人校外活动场所能力提升和乡村学校少年宫建设项目。

表 3.1　中央专项彩票公益金支持未成年人校外教育事业情况[③]

年份	金额(万元)
2011	252 000
2012	384 000
2013	377 000

[①] 王定华.加强校外教育工作　促进青少年全面健康成长:教育部基础教育一司司长王定华就"蒲公英行动计划"答记者问[EB/OL].(2014-7-16)[2024-09-20]. https://www.fjjyxy.com/jcjylw/bqgz/content_39873.

[②] 教育部基础教育一司.新闻发布会材料一:落实立德树人根本任务,努力开创中小学德育工作新局面[EB/OL].(2017-1-18)[2024-09-20]. http://www.moe.cn/jyb_xwfb/xw_fbh/moe_2069/xwfbh_2016n/xwfb_160525/160525_sfcl/201605/t20160525_246113.html.

[③] 超 100 亿元中央专项彩票公益金,被用在了这个领域[EB/OL].(2023-2-19)[2024-09-20]. https://gongyi.sohu.com/a/642863561_121123769.

续表

年份	金额(万元)
2014	419 750
2015	335 750
2016	92 000
2017	92 000
2018	92 000
2019	92 000
2020	92 000

②促进学校"走出去""入场馆"的方式

国家出资兴建或利用已有资源建设校外教育活动场所,使校外教育实现了跨越式发展。其中很多校外教育场所建设凸显了自身的优势,成为学校"走出去"的重要平台。

首先,一些公益性校外教育机构在原有职能和资源基础上,通过转型升级,对区域内校外教育资源进行统筹规划,形成校内外学生实践活动、兴趣培养的综合性平台。

随着教育改革,我们少年宫的职能进一步拓展,它远远超出传统意义上少年宫的一些项目和活动了,自 2000 年起,我们成为全市的学生活动管理中心,强化了对全市学生活动的组织和管理的职能。每年我们要组织艺术、体育、科技这三大类活动一百余项,参加活动的学生超过一百万人。通过这三类活动,我们把校内外打通。我们的各种社团已经到学校里去了,我们把学校的学生组织起来,给学校搭一个平台,使得学生能够离开学校,到社会上来参加各种各样的活动。过去我们就是以少年宫的活动为主,现在职能拓展以后,我们所涉及的面已经远远超出校外的概念,已经与学校紧密结合在一起了。(eprel01)

其次,部分公益性校外教育机构基于自身的特色资源,建立"人无我有、人有我优"的专业性平台,促进学校"走出去",组织学生到校外教育机构参与特色活动与实践。

我们那儿成立了一个心理咨询室。我为什么成立这个心理咨询室呢?因为在学校里面,虽然也有心理咨询室,但是它的设施设备不太先进。我们购买了些先进的设施设备,这样也是一种跟学校联系的方式,我把学校的心理咨询老师聘到我们那里,双休日在我们那里坐班,这样,孩子们可以在双休日咨询,参与活动,还可以做心理测评,我们还有沙盘、人机互动。这也是一种跟学校的联系和合作方式吧。(wcoel01)

我们有个科普活动室,不是很大,但是我们也买了一套壁挂式的科普活动器材,用于我们的老师开展小机床等教学活动。学校里有个社会实践活动,但是学校里面做不来这个,我们这就弥补了学校的不足,教育的不足。我们通过学校的少先队的总辅导员,给学校安排社会实践课,让他们到我这里上课。我就给他们都排开了,比如说,这一周是团结路小学的,下一周是幸福街小学,再下一周是胜利街小学,我们都给他们排开。每周半天。由于学校不具备开展这些活动的条件,如小机床操作,拼七巧板,还有壁挂式科技活动等,所以我们与学校联系,建议将学生带到我们这里上社会实践课。(wcoel01)

最后,一些公益性校外教育机构通过自身的专业优势和平台优势,组织开展区域性竞赛展演活动,吸引和促进学校组织学生参与。

我们编程社团在本地区校外中,是第一个开展这类活动的,这边有先天优势,因为科技节我有一部分项目可以决定。我是科技节办公室的成员。我把这杆旗立下来,昨天就已经有将近50个学校报名参赛。本地区一共100个中小学,这已经覆盖了将近一半,相当可以了,因为大多数学校是不具备这个条件的,这也是跟学校的一种合作方式。(eciel06)

除此之外,在参与更高级别比赛时,学校和公益性校外教育机构还可以通过共同组织学生参赛的方式,以相互照应、分摊成本。

基本上出去打比赛,少年宫会组少年宫的队,学校也会组学校的队,一起合作,比如说租一个车去,这样,第一个相互有个照应,技术上也好,人员上也好,也能有个照应。第

二个费用上也可以平摊。(st09)

(2) 请入场馆模式的困境

学校教师的参与和支持,是学生到公益性校外教育机构参与活动的重要保障。在实践中,即使学校和公益性校外教育机构在领导层面上就某一活动达成共识,学校教师的参与性和动力仍然不足。这是制约校外教育机构参与协同活动的主要原因之一。

①"超额"工作影响学校教师生活秩序

学校教师的校内教学、教研等任务占据了他们大部分时间和精力,而很多校外活动在周末进行,学校教师参与会拉长他们的工作时间,影响他们家庭生活和正常的休息。

> 跟我比较熟的中学里有一个老师,跟我做了两三个比赛后,当年级组长了,这活就给新来的小孩了,新来的小孩课没排满,然后这孩子干两年,等他课排满了,他又不行了。其实一个比较现实的问题是,从学校老师的角度来看,他们确实不容易,因为他们是周一到周五上课,然后我们这些活动全部在周末。如果想带学生参加这比赛,你这两个月就不能休息了。(eciet09)

> 老师也不愿意去,为什么?把他的周末时间全占了,难得的一个周末他带着学生去打比赛,第二天坐着火车回来了还要上班。(st09)

教师这一群体，承担着诸多角色，伴随而来的是高负荷的职业压力，包括工作压力、专业压力、时间压力和精神压力等。承受多重压力势必以教师的身心健康为代价。[①] 教师不仅是一个职业人，同时也是家庭成员，肩负家庭责任。特别是中青年教师，一方面是学校教育工作主力，另一方面是家庭生活主力，面对上有老下有小的境遇，分身乏术，更深刻地体验到工作角色和家庭角色间的冲突。

②"超额"工作不纳入学校主流评价体系

当前学校教师的"主责主业"仍然是课堂教学，考核评价也以此为主要依据。在晋级评职等教师职业发展等重要环节中，组织、参与校外活动并不作为重要指标。

> 哪怕有时候领导想干，但是学校老师热情不高，这里边有一个很关键的点，就是组织、参与校外活动评不了职称，有奖没用。比如，一个科学老师拿一堆机器人航模的公开课、指导学生获奖都不认。国家级的培训，国家级的奖都不算，学生的国家级的奖，个人的国家级的优秀教练员都不算，交职称材料时全都被排除了。这是学校老师热情不高的非常重要的原因。对于老师来说，他从个人发展的角度考虑最终还是要回归自己的本专业。（eciel06）

[①] 靳娟娟,俞国良.教师心理健康问题与调适：角色理论视角的考量[J].教师教育研究,2021,33(6):45-51.

除了学校教师个人工作和发展问题外,一些学校在派出教师参与校外活动时,也面临着经费开支和排课补课的困难。

我们之前也有过学生进到市赛拿到了一等奖,如果他要参加全国赛,就要出省,这就会涉及费用的问题,而我们学校的老师又不能跟着去,就需要少年宫的老师带,但是少年宫老师也不愿意带,为什么?人家说过去之后我要打比赛,我还要弄比赛的相关东西,管理学生人家就不太愿意,但是学校确实派不出去人。第一,如果我要派人出去,需要解决费用的问题,他的机票,他的食宿这些问题我解决不了。第二,老师外出后,他的课就没有人带。所以真的很矛盾,做这件事挺难的,经费不好申请,老师出去以后落下这么多课,回来以后你要补都补不过来。我们老师的正事是什么?是教育教学,一般我们的科任老师一天至少得三四节课,他走了以后,这三四节课没有人上,现在绩效工资就是这样。之前我们就为了协调这些事,极其痛苦。(st09)

二、衔接的责任期待与课程孵化的活动组织方式与措施

21世纪初,人们普遍认为校内外教育是彼此衔接的关系,即期待公益性校外教育的主要职责是与学校课程衔接。校内外教育衔接的主要组织形式和规范则是课程孵化。

（一）公益性校外教育与学校教育有效衔接的责任期待

2006年颁布的《关于进一步加强和改进未成年人校外活动场所建设和管理工作的意见》，专门强调"积极促进校外活动与学校教育的有效衔接"，要求积极探索建立健全校外活动与学校教育有效衔接的工作机制，各类校外教育场所要根据学校校外活动的需要，及时调整活动内容，精心设计开发与学校教育教学有机结合的活动项目，积极探索参与式、体验式、互动式的活动方式，创新活动载体，并配备相应的辅导讲解人员，使校外活动与学校教育相互补充、相互促进。这一政策为促进校外活动与学校教育有效衔接奠定了制度基础，也拉开了校内外教育有效衔接的制度化序幕。学校和公益性校外教育机构在统筹协调的基础上，从课程设置、教师培养、教育资源共享、教育活动多个方面切实采取相互合作的具体措施，加强相互联系、扬长避短、优势互补，实现校内外教育共同发展。[①] 这种在统筹协调基础上的有效衔接成为这一时期对校内外教育协作的主要期待。

但是，在衔接过程中，由于公益性校外教育机构的属性非常复杂，给资源的统筹协调带来了困难和新的挑战。在我国，二十世纪五十年代被认为是校外教育发展的第一个春天，公益性校外教育机构主要指少年宫。二十世纪八十年代，拨乱反正，恢复教育体系，被视为校外教育的第二个春天。在市场大潮的冲击

---

① 蔡颖,周放,韩静.校内外教育有效衔接的策略与实施[M].武汉:武汉大学出版社,2013:43.

下,很多主管部门都成立了公益性校外教育机构。例如,1995年颁布的《少年儿童校外教育机构工作规程》中少年儿童校外教育机构就包括少年宫、少年之家(站)、儿童少年活动中心、农村儿童文化园、儿童乐园、少年儿童图书馆(室)、少年科技馆、少年儿童艺术馆、少年儿童业余艺校、少年儿童野外营地、少年儿童劳动基地,和以少年儿童为主要服务对象的青少年宫、青少年活动中心、青少年科技中心(馆、站)、妇女儿童活动中心中的少年儿童活动部分等。这些公益性校外教育机构的隶属也十分多元化,包括教育行政部门、妇联、共青团、科协、文明委等。隶属教育行政部门的校外教育机构与学校的衔接更顺畅,而隶属其他部门的校外教育机构在与学校对接中更容易产生制度困境。正如一位受访的妇女儿童活动中心主任所言:"学校也整合资源,但他们并不整合我们,我们分在不同的主管部门,他们觉得和我们妇女儿童活动中心不是同行。"

条块分割的管理体制导致了公益性校外教育机构在资金、人员编制、机构定位上的巨大差异,也影响了学校与不同主管部门校外教育机构资源的有效整合和衔接。因此,以课程建设为核心,探索公益性校外教育机构与学校有效衔接的机制及规范尤其重要。

(二)课程孵化的组织方式与措施

1. 课程孵化模式的形成与特征
(1)课程孵化是实现校外教育专业引领的重要途径
伴随着校内外教育有效衔接的推进和校外教育专业化发

展,课程孵化已成为校内外教育融合发展、体现校外教育专业引领的重要抓手和方式。课程孵化主要指借助校外教育专业优势,学校与校外教育机构共同开发、设计和实施具有学校特色的课程,将校外优势课程孵化到学校,并落地生根。

校内外结合下一步就是融合,所谓融合,就是我中有你,你中有我,结合还是有边界,这是你的,这是我的,所以我说是融合。我们现在其实做了很多融合的工作,就是我们帮着学校做校本课程。比如说我们帮学校做有关雷锋的校本课程。我们以书法的形式续写雷锋日记,抒写雷锋精神。孩子们抄写雷锋语录,然后再续写雷锋日记,定期搞笔会,全校学生练字,然后像雷锋一样做人做事。这些都是我们的骨干教师帮着学校弄。(eciel01)

由于青少年活动中心和学校都属于教育系统,并且我们具有引领和指导作用,因此,学校的校本课程的建立都是我们的专家下去帮忙,是依托我们建立的。比如说学校要设立一个陶艺课程,我们的陶艺专家会下去帮忙指导;比如说他们有一个中国画课程,那么我们的中国画的老师会到这个学校作为专家、作为他们的顾问扶植他们这个校本课程的建立。其实我们的专家就是教研员的身份。(mciyl01)(eciel02)

课程孵化可以促进校内外教育资源的优化配置,体现校外教育的专业引领作用。通过校本课程共建,学校可以充分利用校外教育机构的专业资源,如校外专业教师、实践基地、教学设备等,从而丰富学校的教学内容和形式。校外教育机构可以将其专业优势和教育理念融入学校课程,从而体现校外教育的专业引领作用。此外,课程孵化可以提升学生的综合素质。通过校本课程共建,学生能够获得更多元化的学习机会和实践平台,有助于培养学生的创新精神、实践能力和团队协作能力。

(2) 课程孵化是解决校外教育师资不足的有效方式

早期公益性校外教育机构通过培训基层教师和编印刊物等方式指导基层学校活动。如1957年6月,长沙市少年之家和各区少年之家联合举办了暑假少先队干部训练班,成立了市、区、学校的通信联络网,重点推广了新的少先队鼓号乐谱。再如1958年,中国福利会少年宫编辑出版了《小伙伴的歌》作为学校主要的演唱资料,有效地推动了上海市少年儿童的歌咏活动,受到了基层师生的普遍欢迎。[1] 由于公益性校外教育师资不足以全面支持学校课外活动和课后服务发展,因此,当前公益性校外教育机构对学校的支持不再局限于单一的教研、培训、资料传播等途径,而是以课程资源孵化为目标,全方位助力学校校本课程建设,使双方协同育人更有持续性。

> 我开了几年社团之后,就向学校提出了一个建议,看看能否开设全员普及的机器人的课程。这几门课程,就是从中年级开始一直开设,等课程结束以后,从中挑选优秀的同

---

[1] 许德馨,张成明,穆向群.少年宫教育史[M].海口:海南出版社,2000:88.

学参加社团,这样形成一个梯队的体系。(st09)

　　面塑我们不是随便开的,它是基于国家课程的一个延伸,在美术的教材当中有这一项,我们才把面塑更好地嫁接到学校。我们先把面塑项目带到学校,因为我们是不做学生培训的,我们只做教师培训,我们把所有的学校的美术老师培训好了,然后再让老师把这个项目带到社团。然后,在师资培训的同时,输出我们的课程,因为我们有非常完整的一套针对小学一到六年级的课程教材。(eciel05)

支持学校建设校本课程,实际上构建了一个校内外教育协作体系。校本课程更加系统化,定位于基础性和普及性,同时又与国家课程相衔接;社团活动则更加专业化,定位于提升学生的专业技能和综合素质。伴随着校本课程建设和参与学生的增加,校外教师群体在数量上难以满足需求,通过校内外教师教研、培训等,向学校辐射、输出、孵化教师和课程优势资源。

2. 课程孵化模式的困境

课程孵化实际上是对特色和优质课程的培育,通过搭建特色课程成长和提升的平台,实现优质课程的提升与推广、教师团队的形成与培育、教学资源的研发与升级等。[①] 在课程孵化前,校外教育自身优质和特色课程建设至关重要。在孵化过程中,教师团队的形成与培育、教学资源的研发与升级等因素同样至

---

① 韩雯. 社区教育特色课程孵化的实践研究:以上海市徐汇区社区教育特色课程孵化为例[J]. 成人教育,2018(10):34-38.

关重要。

（1）校外教育特色不鲜明

苏昌培在《特色论》中指出,特色是人们区分优质和非优质事物的根据,它表达了事物的自我完善、自我发展的倾向性。[1] 校外教育寻求自我完善、自我发展的出路在于保持特色,发挥其引领和示范作用的出路也在于特色。特色的校外教育活动是向学校课程孵化的前提。但在实践中,一些公益性校外教育机构活动的特色并不鲜明,与学校相关课程的区分不大。

> 我认为校外机构应该和校内课堂有所区别,是有自己的独特性,校外应该是活动,学校是课堂,但是我们现在全部都是课堂,孩子们走进少年宫,也是坐在教室里上一整天的课,没有感受到跟学校有什么不一样,甚至我们还没有学校规范。我能够提供的,只能是依靠一些电子资源,一些图片资源,那些真实的想让孩子去摸去感受的东西,哪怕是走进公园里面看色彩,感受风,这些我们都做不到,而我觉得这些恰恰才是应该在校外做的事情。这些年我一直在申请,我想带学生出去。我觉得孩子应该走进博物馆去看,走进大自然当中去感受。我刚刚提到,我们的课程没有那么多的活动,真的活动应该是很多种形式的,我们现在的活动是很单一的,所以我有时候感到很失落,其实有一些老师是很有想法的,也愿意去尝试,但是我们的机会比较

---

[1] 苏昌培.特色论[M].北京:社会科学文献出版社,1993:2.

少。(eciet11)

实践育人、活动育人是校外教育的主要育人途径,也是校外教育的主要任务。体验性是校外教育的基本特征之一。校外教育正是力图通过让广大少年儿童亲身参与体验式学习,让他们懂得并非只有课堂上和书本知识的学习才是学习,生活中的学习也是不可忽视的,实践是一切知识和智慧的真正源泉。[1] 通过开展制作、展演、劳动、研学等活动,充分展现校外教育体验性特征,是校外教育活动区别于学校课堂、特色突显的主要渠道和方式。

(2) 孵化过程中学校中坚力量的流失

早在2010年发布的《国家中长期教育改革和发展规划纲要(2010—2020)》就明确提出要建立健全义务教育均衡发展保障机制,实行县(区)域内教师、校长交流制度。2014年,教育部等发布的《关于推进县(区)域内义务教育学校校长教师交流轮岗的意见》具体要求力争用3—5年时间实现县(区)域内校长教师交流轮岗的制度化、常态化。截至2016年,全国已有30个省份先后出台了省级校长教师交流轮岗实施意见。[2]

这两年我们才发现学校老师轮岗了。我们少年宫的情况还好,因为我们师资相对比较稳定。学校老师轮岗走了,

---

[1] 康丽颖. 现代校外教育的基本特征[J]. 2001(1):24-26.
[2] 教育部. 教师队伍建设新进展[EB/OL]. (2016-08-31)[2024-07-21]. http://www.moe.gov.cn/jyb_xwfb/xw_fbh/moe_2069/xwfbh_2016n/xwfb_160831/160831_sfcl/201608/t20160831_277169.html.

和学校共建的这个课程就没了。我们培养半天学校的老师,轮岗走了,一年两年课程就停了,再培养新的就来不及了。因为面塑这种美术课程,它不是一天两天就能出成果,它是通过一个时间的积累才能有东西出来。(eciel05)

教师轮岗交流是教师流动的一种形式,对推进义务教育均衡发展、促进教育公平有重要意义。同时,合理的教师流动也有益于教师专业发展。不过,因为学校教师的流动,也给校外教育课程向学校孵化带来了局部师资流失的问题。

三、协同的责任期待与项目培育的活动组织方式与措施

党的十八大以来,协同育人成为社会共识。人们普遍认为校内外教育是彼此协作、共同促进学生成长,即期待公益性校外教育的主要职责是与学校相互协作,成为一个教育共同体。校内外教育协同的主要组织形式和规范则是项目培育。

(一) 公益性校外教育与学校教育协同育人的责任期待

学校教育与校外教育的协同转向成为当前教育改革与发展的重要趋势。一方面,校内外教育协同是回应教育改革需求的结果。随着教育理念的不断进步和教育体系的日益完善,传统教育模式已难以满足现代社会对人才培养的需求。学校教育与校外教育的协同转向,有助于实现教育资源的优化配置和共享、构建高质量教育体系。另一方面,校内外教育协同是回应学生

多元化需求的结果。现代社会对人才的需求日益多元化,学生也需要更加灵活多样的教育方式和资源来满足其个性化需求。学校教育与校外教育的协同转向,能够为学生提供更加丰富的教育资源和选择,促进其全面发展。公益性校外教育机构与学校协同育人不但从思想到行动,形成常规化和系列化,而且被学校、公益性校外教育机构视为"客观事实"而广为接受。学校和公益性校外教育在围绕课后服务等活动上,趋向于形成一个新的利益共同体。[1]

协同育人不是基于强制力的结合,而是基于内在需求的融合。不是没有边界的混合,而是基于各要素特点的结合。这种关系应该是长效的,而不是一时的,其推动和保持应该是基于共同体中内在要素的,而非外力的。文化持续性(cultural persistence)在校内外协同关系中起到了关键作用,它是组织的结构和行动的文化影响力和持续性。文化持续性不依赖规定的强制性,而主要依赖行动者对行动观念的共享程度,包括对行动的共同理解、具有这种共识的持续维持、以共识抵制对改变行动的尝试等。[2]

在活动组织和规范上,一些公益性校外教育机构与学校以项目制运作方式形成了文化品牌、标识等,对这一品牌进行了复制和传播,并对文化标识改变的行为提出了强烈的反对和有效的维

---

[1] 吴重涵,王梅雾,张俊.教育跨界行动的制度化特征:对家校合作的经验分析[J].教育研究,2017,38(11):81-90.

[2] ZUCKER L G. The Role of Institutionalization in Cultural Persistence[J]. American Sociological Review,1997,42(5):726-743.

护。校内外教育在协同育人中形成了利益共同体、文化共生体。

(二) 项目培育的组织方式与措施

1. 项目培育模式的形成与特征

公益性校外教育机构支持学校项目培育主要体现为特色工作室建设,即通过校外教育系统开展的优质项目建设活动,带动学校特色发展(特别是薄弱学校特色发展),进一步促进区域整体校内外教育资源协同发展,推出文化品牌。本研究调查中相关公益校外教育机构与学校合作的文件中指出:特色工作室的愿景在于打造校内外特色品牌,促进联盟学校整体水平的提升。实现区域内优质艺术课程的资源共享、优势互补、共同发展,形成学校特色项目以及课程,带动地区校内外的传统文化非遗技艺的传播与传承。

项目培育模式形成的动力既源于学校"一校一品"特色建设上的需要,也源于校外教育转型发展的要求。

(1) 学校"一校一品"建设的现实需求

1993年颁布的《中国教育改革和发展纲要》中提出,中小学要办出各自的特色。这成为我国学校特色建设的政策导向起点。学校特色建设对于每一种类型的学校,都发挥了重要的工具性价值,例如让薄弱校找到了办学的突破口,让普通校找到了发展的增长点,让优质校走出高原期形成"新优势"。[1] 特色建设是各类学校的目标和着力点之一。

---

[1] 褚宏启. 学校特色建设要谨防"剑走偏锋"[J]. 中小学管理,2017(5):61.

学校特色建设是一个系统而长期的工程,需要学校立足自身传统积淀,挖掘闪光之处,推动特色项目建设,进而将特色培植成为整个学校体系的重要组成,变学校特色为特色学校。在整个过程中,不仅需要学校师生的群策群力,也需要校外教育资源的参与与支持。

(2) 公益性校外教育机构转型发展的需要

21世纪以来,我国校外教育呈现由场馆建设(硬件)到内涵发展(软件)转变的态势,校外教育科学化、规范化建设及其如何与学校教育"一体两翼"、协同推动素质教育发展等[1],成为公益性校外教育转型的重要命题。就机构自身而言,公益性校外教育机构逐渐从"单一阵地式学生培训"转变为"以指导、实施、管理、研究、服务为主的综合型"机构[2]。

在当前学校课程改革、家庭教育备受重视、教育培训机构严加监管等背景下,如何推进公益性校外教育高质量发展并充分发挥综合型机构职能,成为校外教育机构改革的重点。公益性校外教育机构支持学校特色工作室建设成为两者合作的重要契合点。

2. 项目培育模式的困境

(1) 内部支持因素不稳定

项目培育模式对于学校和公益性校外教育机构都还处于个别或局部的探索阶段。项目合作的建立往往依赖于校外教育机

---

[1] 刘登珲.转型的阵痛:新时期我国校外教育课程建设问题透视——对华东地区十二所校外教育机构的访谈分析[J].全球教育展望,2016,45(1):73-83.

[2] 刘华.中小学校外教育育人理念与实践探索:上海市中小学校外教育德育研究实训基地研究成果汇编[M].上海:上海交通大学出版社,2021:3.

构和学校的领导者。领导者的变更或领导者工作重心的转移都会影响项目的运行和开展。

> 有的校长即使退休,换了新校长,由于他已经做出规模来了,新校长也可能会继续保留这个项目。但比如说一些小学校或者薄弱校,校长可能认为基础教育尚未巩固,因此不重视艺术特色的建设,觉得学生的分数更重要。(eciel05)

(2) 政策与制度支持不足

项目培育中外部的政策和制度支持力度因地区而异。一些地区的教育行政部门给予政策和制度上的支持,而另一些地区的教育行政部门则缺乏相应的支持,需要公益性校外教育机构和学校自行探索和尝试。

> 我们少年宫目前唯一缺乏的就是特级教师工作室制度,我们这种工作室跟特级教师工作室还不一样,性质不同。我们是自发成立的,官方(如教委)必须得以特级教师工作室这样的级别来认定才行,仅靠自称"名师工作室"肯定不行。我们对校外没有这种支持。人家有的工作室是教委办的,就不一样了。(eciel05)

内部支持不稳定和外部支持不足使得公益性校外教育机构与学校基干项目培育的协作模式仍然处于前制度化或制度化早期阶段。

第二节　公益性校外教育机构与家庭协同育人的组织规范变革

问卷调查显示,在公益性校外教育机构与家庭协同育人实践中,与家长进行日常沟通、开展亲子活动、开展家庭教育指导课程、聘请家庭志愿者、建立家长委员会等是主要的活动组织类型。见下图 3.3。

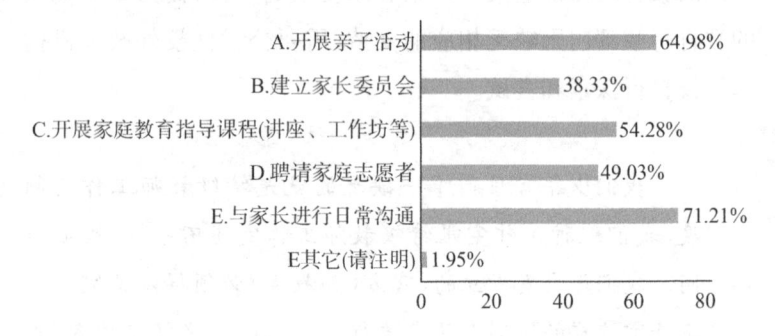

```
A.开展亲子活动                        64.98%
B.建立家长委员会                      38.33%
C.开展家庭教育指导课程(讲座、工作坊等)  54.28%
D.聘请家庭志愿者                      49.03%
E.与家长进行日常沟通                   71.21%
F.其它(请注明)                         1.95%
        0    20   40   60   80
```

图 3.3　公益性校外教育机构与家庭协同育人实践的活动组织类型

在公益性校外教育机构与家庭协同育人实践中,平均每学期开展一次活动的频率最为普遍,这一频率占总频率的 35.6%。其次为平均每周开展一次活动和平均每月开展一次活动,活动频率占比分别为 23.74% 和 16.73%。见下图 3.4。

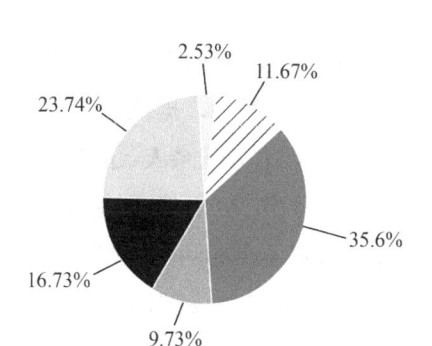

图 3.4 公益性校外教育机构与家庭协同育人实践的活动频率

在实践中,与家庭的日常沟通主要体现在校外教育教师和家长围绕孩子学习和活动中的问题、发展等开展的个别交流。聘请家长志愿者主要表现为志愿者参与接送孩子及其他活动管理方面的事务性工作。因此,在描述性统计的基础上,本部分以政策分析、访谈和案例为主要依据,主要讨论相对规模化、制度化开展亲子活动,开展家庭教育指导服务课程,建立家长委员会等几种活动的组织形式、规范和面临的困境,以及社会对公益性校外教育机构与家庭的责任期待变革。

一、延伸的责任期待与提供课后照护的活动组织方式与措施

(一)公益性校外教育机构对儿童课后照护责任分担的期待

学校教育资源匮乏与儿童课后生活贫乏使儿童课后照护成

为社会问题。新中国成立初期,国家没有足够的资金兴建校舍,而入学、升学的人数却不断增加。据统计,1954年全国初、高中计划招收新生一百三十四万九千余人,超过1949年全国中学生的总人数。[①]而同年高小、初中毕业生多达四百六十多万人。[②]为了解决学校数量不足的问题,1951年东北、北京等地率先采取了中学二部制的做法。二部制在一定时期内成为一种"相当长时期的革命办法"。[③]这种做法虽然在一定程度上缓解了学校不足的问题,但学生大量的课外时间如何安排没有得到很好的解决。伴随着"二部制"教育的开展,很多少年儿童过早放学,对于双职工家长来说,孩子放学后的照护成为一个重要的问题。课余生活的贫乏,造成了一些不良的后果,有少数少年儿童偷窃、斗殴,扰乱了社会秩序,甚至有的还参加了宗教迷信活动。儿童课后的照护成了社会问题。

女性走向生产领域使儿童照护责任从家庭向社会转移。在传统中国社会中,抚育儿童一般由母亲在家中承担。在社会主义革命时期,年轻女性被动员走出家庭,走向生产领域。新中国成立初期百废待兴,一切社会实践均被纳入工业化建设之中。当社会意识到女性也是劳动力的一部分,儿童照护便成为影响社会生产的重要因素,伴随女性走进生产场域,儿童照护从家庭

[①] 李邦权.关于实施中学二部制的几点意见[J].人民教育,1954(9):31-32.

[②] 青年团中央.关于组织不能升学的高小和初中毕业生参加或准备参加劳动生产的指示[EB/OL].中国共青团网(2014-1-15)[2024-08-31]. http://www.ccyl.org.cn/695/gqt_tuanshi/gqt_ghlc/his_wx/his_wx_1950_1959/200704/t20070423_22221.htm.

[③] 必须重视二部制中学的经验[J].人民教育,1952(9):5.

空间转移到社会公共空间,集体儿童照护便成为当时特有的现象。[①] 此外,在生产任务繁重时期,加班加点普遍存在。而当时的政治学习任务也占用了大量业余时间。这导致许多妇女难以兼顾生产任务、家务与抚育职责。根据档案资料,为了最大程度地使用女性劳动力,基层妇女干部在经济热膨胀时常常积极动员家属(老年妇女)帮助承担家务劳动。[②]

在上述背景下,社会期待公益性校外教育机构能够分担儿童课后照护的责任。

(二) 儿童课后照护的组织方式与措施

在儿童课后生活贫乏的背景下,公益性校外教育迎来了发展的第一个高潮。至1956年,全国各地已建立起137处公益性儿童校外教育机构。[③] 公益性校外教育机构帮助家长解决了儿童课后照护的实际问题。公益性校外教育机构通过组织这些少年儿童开展活动,有效地解决了家长的难题。如北京市西城区丰盛办事处共有7个校外活动站,共有8名辅导员负责每天上下午照看参加活动站的孩子。在参加这些活动站的1 000多名少年儿童中有400人固定在活动站内完成作业,其中60%是双职工子女。[④]

[①] 张文馨.城市化、居住分异与教育空间生产:0—3岁儿童照顾空间嬗变的一个分析框架[J].教育发展研究,2019,39(24):75-84.
[②] 陈映芳.城市治理研究:第3卷[M].上海:上海交通大学出版社,2018:44.
[③] 许德馨,张成明,穆向群.少年宫教育史[M].海口:海南出版社,2000:11.
[④] 赵薇.论新中国成立后街道校外教育的社会作用:以北京地区为中心(1949—1965)[J].唐都学刊,2014,30(2):95-97,109.

公益性校外教育机构实际上是嵌入于"街道/居委会"的制度安排中,以"街居"功能延伸的特征来承担部分家庭儿童课后照护职能与责任。在1949—1979年社会主义实践时期,"单位"和"街道/居委会"被解释为城市社会的主要结构性要素,是国家整合社会、安排人们生活的主要制度框架。① 在这样的社会制度框架下,"街道/居委会"作为国家与家庭、个人的中介,发挥着"一揽子"式的全能功用。在学校教育、生产工作(相对独立的两个组织)之外,"单位"和"街道/居委会"承担了儿童校外教育生活和家长业余生活的安排与组织职责。这是公益性校外教育机构与家庭合作起源的制度特征。

此外,当时一些校外教育组织就存在于少年儿童家中,并在家庭中开展活动。据当时报道,学生家长一般都参加了工作。学生每天放学回家,无人照管,有的逛大街,打群架,少数儿童甚至变相赌博。要改变这种不良现象,必须使儿童有组织地在校外生活。因地制宜地为儿童成立了校外"小队之家"。"小队之家"需要房子,儿童们打听到同学张义芬家有空房,便和辅导员一道去向张妈妈讲清楚建立校外"小队之家"的意义,并提出遵守纪律的保证,张妈妈愉快地答应了,而且还将几十年前结婚时心爱的装饰品送给孩子们用于布置房子。② 还有报道记录:"当时这位老奶奶家里的人少,同时她又挺喜欢孩子,因此小队之家

---

① 陈映芳. 国家与家庭、个人:城市中国的家庭制度(1940—1979)[J]. 交大法学,2010(1):145-168.

② 内江市第一小学. 校外"小队之家"[J]. 四川教育,1959(10):30.

便设在她家里,并且请她当了小队之家的辅导员。"①虽然当时小队之家只有 10 来个学生参与,但活动内容十分丰富,包括复习功课、游戏娱乐、劳动实践、艺术学习等。

二、互补的责任期待与家委会建设的活动组织方式与措施

(一)公益性校外教育机构与家庭互相支持的责任期待

20 世纪 90 年代,公益性校外教育机构面临着经费短缺、人员编制不足等一系列问题,一部分公益性校外教育机构被迫关闭,场地出租;一部分开始开展校外培训。家长对公益性校外教育机构在认知层面产生了分歧。一方面,公益性校外教育机构的价值和功能方面受到家长的质疑。例如,有家长认为:"本意上,少年宫就是一个孩子们玩耍的地方,是孩子们的乐园。但不知道从哪一天开始,不少'宫'都成了办'培训班'的地方:吹拉弹唱,一应俱全;武术、摔跤、跆拳道,应有尽有。孩子们到了这里被剥夺了玩耍的权利,在承担着繁重的学校课业负担的同时,又肩负起了'提高素质'的重担。"②另一方面,被家长诟病的公益性校外教育又得到家长的追捧,"存活下来的少年宫虽然多已成为收费培训班,但学费相对低廉,师资可靠,今天仍然是许多望

---

① 江浩.校外小队之家[J].江苏教育,1962(11):15.
② 杨小敏,赵海艳.寻找我们的童年:关于少年宫的历史记忆[J].基础教育课程,2009(10):26-30.

子成龙的平民家庭最向往的镀金殿堂"。①

在中共中央办公厅、国务院办公厅《关于加强青少年学生活动场所建设和管理工作的通知》、中共中央国务院《关于进一步加强和改进未成年人思想道德建设的若干意见》等政策推进下，公益性校外教育机构呈现出体系化发展的趋势，规模不断增大、类型日益丰富、影响力逐渐加强。在国家大力推进公益性校外场所建设和亟须对家长安排儿童课外生活引导的背景下，公益性校外教育机构与家庭协同育人呈现出相互支持的责任期待。一方面，公益性校外教育机构为家庭提供教育资源；另一方面，它们也促使家长配合、支持校外工作。

首先，伴随着公益性校外教育机构规模的扩大、影响力的提升，进一步扩大对社会的服务就成为题中应有之义。除了上一章所述，在政策引导下向家庭免费或优惠提供校外教育资源外，服务区域内的家长教育也成为部分公益性校外教育机构探索的重要内容。

其次，在公益性校外教育机构体系化发展过程中，越来越多的主管部门开始兴建公益性校外教育机构，机构类型日益丰富，同时越来越多的少年儿童参与到多样化的校外活动中。部分公益性校外教育机构"培训"惯性尚未消失，滞后于政策要求，同时家长对校外教育育人价值认识不充分，对子女校外教育规范和管理存在问题。因此，为适应新模式下的发展，校外教育工作亟须家长的支持与配合。有学者指出，20世纪80年代末，家长在

---

① 李响.少年宫：远去的红色梦工厂[J].国家人文历史，2014(5):26-29.

对子女校外生活的管理和教育上问题较多,更加需要校外教育机构重视对家长的教育,引导家长端正教育思想、正确指导孩子参加健康有益的校外活动,配合校外教育机构的工作。校外教育只有得到家长正确的支持、配合和强化,才能发挥有效的作用。[1] 近年来,伴随着家长对校外教育提供资源的需求和期待越来越高与公益性校外教育发展的不够充分均衡,家长配合和支持校外教育工作也越来越难,双方矛盾日益突出。

公益性校外教育机构通过建立家长委员会的方式促进家长参与校外教育管理,不断为家长赋权是实现家长支持校外教育工作、公益校外教育机构与家长相互支持的有效措施。早在2012年,为推进现代学校制度建设,教育部发布了《关于建立中小学幼儿园家长委员会的指导意见》,这是规范家校合作的第一份专门文件。[2] 这份文件对作为基础教育重要组成部分的校外教育也产生了重要影响。在一些公益性校外教育机构的探索下,公益性校外教育家委会建设日益规范,家长参与校外教育管理初见端倪。如北京市少年宫于2015年10月24日召开家委会成立大会。在少年宫家委会成立之初,北京市少年宫教务部就已经制定了《北京市少年宫家委员会章程》《北京市少年宫家长委员会推荐和确定办法(审议稿)》《北京市少年宫家长委员会工作制度》等相关规章制度。2018年11月,体育教学教研组、美术教学教研组相继成立了部门级家长委员会。至此,北京市

---

[1] 沈明德.校外教育学[M].北京:学苑出版社,1989:39.
[2] 吴重涵,王梅雾,张俊.家校合作:理论、经验与行动[M].南昌:江西教育出版社,2013:7.

少年宫三级家委会正式确立。在工作运行机制上,建立例会制度、对口联系制度(把成员分为若干指导小组,和少年宫对口部门进行经常性的沟通)、办公制度(家委会成员轮流值班、巡视课堂、接待家长来访等)等。①

(二) 公益性校外教育机构家委会建设的组织方式与措施

1. 公益性校外教育机构家委会的形成与特征

(1) 为解决家宫矛盾,应需而设

公益性校外教育机构中家长委员会的形成与家长对高质量校外教育的需求与公益性校外教育发展不充分之间的矛盾有很大关联。

> 我们家委会是如何走到今天的,实际上那个时候我们也是被逼无奈,是问题导向,2013年,在我们搬到新少年宫之前,家长们就已经知道少年宫要搬到新址,为了顺利过渡,我们在老少年宫那边的两年是逐渐减少招生的,然后到了这边这中间有半年的断档,实际上搬过来之后,家长对于少年宫的期待压抑了这么长时间,所以我们第一次报名的时候家长连夜在外头打地铺排队。(eprel02)
>
> 在这个情况下,家长是挤破了头想进来,结果进来后,有的家长发现我们的教学环境跟他设想的不一样,包括新

---

① 王晓艳.少年宫家委会建设路径探析[J].中国校外教育,2020(15):3-4.

装修的教室,包括当时有一些位于地下的教室也用于开展教学,所以家长的这些不满就压抑起来。他们特别珍惜到了少年宫的学习机会,对我们管理中的一点点的不满意,就会立马导致家长情绪的爆发,那个时候我们教务部就像是救火员,哪里家长有问题,我们就要哪里去扑火去救火,因此每天都累得筋疲力尽,心理上也感到压力很大。(eprel02)

这个时候我就在想,为什么我们天天疲于奔命地应付家长的这些问题,而不能进行逆向思维,思考我们能不能引领家长呢?这类问题如果我们能通过探索解决了,就缓解了我们工作中的压力。(eprel02)

新时代,家长和学生对多方面、多样化、个性化、多变性、多层次的校外教育有着强烈的需求。特别是年轻一代的家长,对于教育的重视,以及教育孩子不能输在起跑线上的心理,在校外教育选择上表现得淋漓尽致。同时,以少年宫为代表的公益性校外教育在家长心目中的分量和地位很高。而当前公益性校外教育在数量尚且不充足的情况下,质量也不尽如人意。当家长对优质公益性校外教育的需求不能被很好地满足时,在家长一方往往转变为焦虑,在公益性校外教育机构一方往往会变成压力。家长和公益性校外教育机构之间的矛盾便容易产生和发酵。如何引导家长,与家长合作便成为新时代公益性校外教育进一步发展的主要问题。

（2）借助课题，边研究边行动

公益性校外教育机构建立家长委员会是一项自发的探索性工作。《国家中长期教育改革和发展规划纲要（2010—2020年）》指出要建立中小学家长委员会。教育部发布《关于建立中小学幼儿园家长委员会的指导意见》也仅指向中小学校，要求有条件的公办和民办中小学和幼儿园都应建立家长委员会。国家政策和相关文件并没有要求公益性校外教育机构建立家长委员会。部分公益性校外教育机构便以课题的形式，针对实践中的问题，开展了有益的探索。

> 主管主任也是为了鼓励我们，说让立个课题研究一下，所以当时我们就在想，我们如何去化解家庭和少年宫教育的这种矛盾。那个时候我们就开始慢慢尝试着去研究。我们当时研究课题就是"校外教育中有效发挥家长作用的策略研究"，我们就是想找到一些小方法，把家长连接起来，怎么样让家长在不知不觉中跟我们的理念达成一致，大家如果目标一致的话，那就形成合力了。（eprel02）

以科研项目为依托，不仅能从理论上进行一定的思考，更重要的是可以系统地开展调研，带着实践中的困惑和问题，对相关机构家长委员会建设情况充分了解，对成功经验进行借鉴。

（3）以"兴趣小组"为基础，设立三级家委会

以班级为基础组织教学的形式称为班级授课制。十七世纪由捷克教育家夸美纽斯提出，以后又继续发展和完善。它是将

学生按年龄和学习程度编成一定人数的班,教师以班为单位,按规定的课程时间表进行教学的一种组织形式。[①] 班级授课有利于提高教学效率,发挥教师的主导作用,也使教学按严格制度有计划地进行。但是这种形式机械划一,不便于因材施教,同时,因过分强调知识系统,容易忽视实践活动。校外教育与学校教育不同,更加重视个性化教育和实践活动。因此,在校外教育中,虽然也按一定学习基础编成"班",但更重视同一"班"学生的共同兴趣,同时学生间年龄差异可能较大。这种"班"在校外教育中一般称为活动小组、兴趣小组,校外教育中的教学形式一般也可以称为小组教学。对于有经验的校外教师来说,在自己的兴趣小组管理中,能把家长资源利用好,与家长有较好的合作和"黏性"。这往往也是公益性校外教育机构建设家长委员会的坚实基础。

  我们发现在少年宫工作的老师,如果这个老师家长工作做得好,他的教育教学工作就会得心应手,家长是他的合作伙伴,是他的有力助手。因此,我们认为为了教师能够把班级管理和家长工作做好,从少年宫层面,从教学部门的层面,是否可以考虑建立三级家委会。对于班级来说,实际上就是寻找老师的家长志愿者的优秀代表。在业务部门层面,通过班级选拔,也推选一些能够与我们积极配合的家

[①] 《教师百科辞典》编委会.教师百科辞典[M].北京:社会科学文献出版社,1987:323-324.

长。(eprel02)

第一级家长委员会是兴趣小组层面的家委会,其主要职能是协助本小组老师完成每周的教学活动和日常孩子接送等管理工作。第二级家长委员会是教学部门层面的家委会,主要职能是协助教学部门完成一些重大活动,如招生面试等活动中的组织管理工作。第三级家长委员会是机构层面的家委会,其主要职能是协助整个公益性校外教育机构进行教育教学改革等工作。总体而言,三级家委会成员都能为校外教育教学提供相应的支持,与校外教育机构理念基本一致,他们在带动其他家长的过程中,能够站在公益性校外教育机构的角度,以家长的身份,进行交流,发挥桥梁作用。

2. 公益性校外教育机构中家长委员会运行的困境与问题

(1) 家长流动性大

与学校不同,校外教育中学生的流动性非常大,与之相伴的是家长流动性也非常大。因此,校外教育中的家委会成员结构不稳定,这是制约校外教育中家委会发展的主要原因之一。

> 我们少年宫的学员流动变化很大,那么直接带来的影响是家委会变化很大,对于我们来说,家委会组织的难度就在于家长的变更。(eprel02)
>
> 在稳定性方面,由于家长自身的原因和孩子升学的问题,他有离退的,像这种情况我们就需要不断地换新鲜血液,换的人也不一定有那么合适,所以我们现在也都暂停

了。(eprel03)

在中小学,学生、家长除了转学等个别因素外,人员构成基本是固定的。对于小学生而言,一般会在同一所学校就读六年,初中生就读三年。对于家委会成员而言,家长可以在三或六年中持续参与。因此,学校家委会组织结构是相对稳定的。但是对于校外教育机构来说,一个学生只参与两到三个学期的活动是常态。伴随着学生兴趣转移、专业晋升中的淘汰、学校课业负担的加重等因素,学生就会退出,相应的,家长也会退出家委会,这成为校外教育中家委会建设和运行的一个重要困境。

(2)家长专业性不足

沟通协调功能是校外教育家委会的重要职能之一。家长委员会成员应就学生家长、学生、社会等反映的有关问题及时与公益性校外教育机构进行沟通协商,化解家长与校外教育机构之间的隔阂与矛盾,增进家长与校外教育机构双方的信任与理解,协助校外教育机构做好教育教学工作。但由于校外教育中一些活动和项目的专业性较强,家长和家委会成员认识和理解不一定全面,成为家委会发挥沟通协调功能的障碍。

家委会应起到纽带的作用,我们希望通过家委会发挥作用。但是家委会成员可能也不是篮球专业出身,也不懂这个,因此,他们与老师的看法可能不一致,所以我们在听家长的建议的时候,可能还得结合实际情况,从专业的角度和他沟通。我们对家委会成员要进行业务上的一些交流和培训,让他们了解原来这个东西是这样。打得好的是什么样的,打到什么程度才能够参加比赛,孩子再往上是什么样,你们家孩子期望是什么样,我们开展教学的目的是什么,等等。(eprel03)

(3) 缺少常态化工作机制

公益性校外教育机构家委会的成立与运作,需要好的顶层设计,需要一个常态化的工作机制。

> 其实我原来设想的最理想的状态就是家委会一个月开一次例会。实际上我们少年宫前两年基本上一学期开一次会。我们把家长邀请过来后,由我们的主管领导或单位负责人向家委会介绍这一年的教育教学工作,也是期待听听他们对于我们教育教学管理当中的一些建议或者意见,或者是他们在家长这个层面发现了哪些问题。在这个过程中,我们希望他们能够发挥上传下达的作用。但由于家委会工作不属于我们部门的职能范围,且不是法定的一项,所以有些时候就往往被业务工作冲掉了。(eprel02)

与公益性校外教育机构家委会产生的动力相关,家委会的建立与运行并非如学校那样是政策所要求的。这也意味着校外教育中的家委会缺乏制度保障,制度化程度往往不高。由于主管部门业务重点、领导偏好等因素,家委会运行可能随时终止。

三、纽带的责任期待与家庭教育指导服务的活动组织方式与措施

(一)公益性校外教育机构作为家庭与学校、社会链接纽带的期待

20世纪末以来,在儿童人力资本与竞争力提升的趋势下,校内外教育相互影响,人们期望校外教育能够提升儿童的人力资本,增强其社会竞争力。公益性校外教育的责任期待发生了异化。在高质量教育体系建设和"双减"等政策背景下,校内外教育生态正在重塑,人们期待公益性校外教育能够成为家庭与学校、社会之间的桥梁,促进协同育人的纽带。

在市场经济影响下,教育不可避免地从单纯的公共物品发展出某些商品特征,使得教育具有了私人消费的性质。受教育者的选择权日益增加。在我国的计划经济时代,教育被认为是国家的权力和责任,国家根据社会发展的需要建设各类教育机构、发展教育事业。在这种情况下,接受教育成为一个被动的过程,受教育者几乎没有自己选择的机会。市场机制引入教育后,"会有越来越多的人愿意为自己或自己的孩子投资教育,教育资源的配置将迅速市场化,人们将更重视教育的效率,使教育资源配置更趋合理化。每个学习者或其家长都将变被动为一种积极主动的选择,他们是这场贸易的消费者,因而有权选择和获得满

意的教育服务"①。此外,作为消费者,其受教育的多样化需求日益受到重视。"原先由政府垄断并根据社会的需要来发展的教育,正在出现某种私人消费的倾向。不同的人对教育的不同需求开始成为教育发展中的一个不可忽视的因素。"②

"赫耐曼-洛克斯力效应"指出,当社会和经济发展达到一定水平后,家庭对儿童成长的效度会超过学校,但作为一种独立的教育制度,家庭在不断弱化,而学校在不断强化。③ 这里的教育制度主要指教育效果的认可、与社会流动和职业岗位分配制度关联的筛选机制。伴随家庭作用的增强、基础教育均衡化发展以及减负政策的推进,教育竞争逐渐从校内转向校外。家长通过在校外教育场域中的参与,增强子女在学校制度中的资本和竞争力。家庭与学校关系变革增强了家长的作用及主导权,促使竞争由校内转向校外。

市场运作促进了营利性校外培训的制度化。在上述家校关系变革背景下,市场化的营利性校外培训应需而生,与公益性校外教育并存,共同构成了更为广义的校外教育。市场化的校外培训机构在商业逐利中迅速发展,成为独立于学校教育的另一个教育系统。校外教育成为家庭人力资本投资的重要渠道;校外教育可以促进学生教育层级的流动;校外教育成为社会再生

---

① 劳凯声.社会转型与教育的重新定位[J].教育研究,2002,23(2):3-7,30.

② 劳凯声.中国教育改革30年:政策与法律卷[M].北京:北京师范大学出版社,2009:前言2.

③ 吴重涵,张俊.制度化家校合作的内在动力、行动逻辑与实践路径:基于十年家校合作实验的回顾与反思[J].中国教育学刊,2021(9):68-75.

产和个体社会化的工具之一。[①] 20世纪90年代到21世纪初，公益性校外教育机构又面临着经费短缺、人员编制不足等一系列问题，一部分公益性校外教育机构被迫关闭或出租场地；另一部分开始开展校外培训。

因此，形成了这样的逻辑：一方面，家长有权利积极主动地为孩子的教育进行投入；另一方面，校外教育可以提高学生的综合素质，综合素质的提升有利于提高学生的竞争力，良好的竞争力有利于提升学生将来的社会地位。在激烈竞争的社会环境中，家长不断地进行校外教育投入，以提高学生的综合素质，并且这些培训也更容易取得成果，被社会识别，这就使得综合素质的水准日益提高。原本为培养广大学生兴趣的普及班升级为培养广大学生特长、专业的提高班。原本并行不悖的为大众培养兴趣的普及教育与为小众发展特长的专业教育发生了变异，形成了被一些校外教育实践者称之为"医治性的校外教育"，即为广大没有兴趣、没有天赋的学生培养特长，以提高综合素质和生活品质。

家庭、学校和校外教育机构共同聚焦儿童人力资本与竞争力提升，三者相互作用，形成了新的关系。学校成为主要筛选机制，家庭获得了儿童发展与投资的更多主导权，校外教育机构则成为人力资本投资的重要渠道和社会再生产的主要工具。公益性校外教育机构与家庭协同关系逐渐"脱域"。所谓脱域，即社

[①] 杨钋.经济不平等时代的校外教育参与[J].华东师范大学学报(教育科学版),2020,38(5):63-77.

会关系从彼此互动的地域性关联中,从通过对不确定的时间的无限穿越而被重构的关联中"脱离出来"。① 在这一进程中,公益性校外教育机构与家庭协同从基于地域化、阵地化的照护、工作配合,逐渐"脱离出来",走向抽象化时空中围绕儿童竞争力提升的资本赋予与资源配置。在学校、营利性校外培训机构、公益性校外教育机构、家庭的互动中,彼此间形成了相互裹挟的关系。

当前,公益性校外教育机构与家庭相互裹挟的关系正在被多种力量牵引,发生着变化与重塑。

首先,政策调整与驱动。伴随家庭教育促进法、"双减"政策等的颁布,以及覆盖城乡的家庭教育指导服务体系、学校家庭社会协同育人机制的健全,教育生态正在发生强制性变迁。

其次,公益性校外教育转型与升级。面对新时代的挑战和使命,公益性校外教育机构正在发生深刻的变革。面向未来的校外教育要构建校内外融合的新学习生态系统,为实现学生、教师、家长的终身学习奠定基础;要成为汇聚、开发、协调、统筹各级各类教育资源的"神经中枢"。② 公益性校外教育面向未来的转型升级将打破学校、社会、家庭的界限,重塑它们之间的关系。

最后,家长多元化需求的促动。相关研究表明,家长对校外教育需求是多元化的,包括课后看护、日常辅导、弥补短板、补充

---

① 安东尼·吉登斯. 现代性的后果[M]. 田禾,译. 译林出版社,2011:18.
② 刘华. 中小学校外教育育人理念与实践探索:上海市中小学校外教育德育研究实训基地研究成果汇编[M]. 上海:上海交通大学出版社,2021:4-6.

学校、培养优势、升学择校、未来发展、全面发展、助力学习等。① 这些需求必然会引发公益性校外教育机构与家庭关系的变迁与重塑。

(二) 亲子活动和家庭教育指导的组织方式与措施

1. 亲子活动开展的组织形式及规范

(1) 公益性校外教育机构开展亲子活动的形成与特征

①活动开展是提升机构影响力与回应家庭需求的有益探索

公益校外教育机构开展亲子活动源于提升品牌影响力的有益尝试与对家庭高品质校外教育需求的主动回应。

公益性校外教育机构在新时代转型升级中,亟须拓展活动形式和渠道,实现高质量发展。S中心作为国家级校外教育平台,需要充分发挥示范引领作用。中心在早教、艺术、体验、演艺、体育、志愿服务等领域内容均开展了有益的探索,取得了一定的成绩。如何建构高质量校外教育体系,进一步发挥引领示范作用成为中心发展的重要议题。中心认为"可持续发展教育"理念是整合中心现有课程体系、提升中心品牌效应的一种主动尝试,并将其列入中心"十四五"发展规划纲要之中。而推进可持续发展教育需要多方合作与共建,需要家庭的参与和支持,协同开展活动。

---

① 刘钧燕. 家庭校外培训需求动因及对落实"双减"政策的启示[J]. 全球教育展望,2021,50(11):85-98.

中心从校外的角度，利用平台优势，在青少年教育方面做一个引领性的可持续发展教育。通过和专业的院校研究机构、社会教育机构、中小学校共同合作，不断地把可持续发展教育的整体框架丰富起来。中心努力在校外教育树立一个引领性发展的旗帜。(eceol01)

伴随着新时代社会主要矛盾的变化，家长对高品质校外教育的需求日益强烈。校外教育供需矛盾仍然比较突出。在减负背景下，如何纾解家长的教育焦虑，回应家庭需求成为公益性校外教育机构亟须应对的问题。通过家校社协同开展亲子活动成为一个重要的突破口。

②为活动增值赋能是吸引家庭参与的重要动力

案例中S中心开展的"厨余堆肥"活动以志愿服务的方式招募活动参与家庭，并进行志愿服务时长认定，以此为可持续发展教育项目增值赋能。2018年10月，S中心与中国志愿服务联合会达成合作，推动志愿服务制度化，共同打造实践育人新平台。中心作为首个中国志愿服务青少年实训基地，致力于打造以青少年为主体、集志愿培训与实践为一体的综合志愿服务场所。在"厨余堆肥"活动的宣传内容中明确提出："参与活动的青少年学生需提前在'志愿北京'网站注册成为志愿者"；"所有按要求完成活动任务的青少年将获得带有项目标识的活动证书，并可在'志愿北京'平台上累积志愿服务时长"。

"厨余堆肥"活动借助中外青少年人文交流渠道，邀请巴基斯坦驻华使馆国际学校参与了活动。使馆学校共有来自约

40个国家的150余名学生与中国学生一起,实践把厨余垃圾转变为"营养土壤",开展家庭绿色种植活动。

至此,活动具有了提高可持续发展意识与能力、国际人文交流体验、志愿服务经历等多重意涵,为活动开展聚集多重价值和更大的吸引力。

③围绕问题探究实现多方合作是协作的重要方式

S中心的"厨余堆肥"项目通过线上宣讲、专家讲授等方式,讲解垃圾分类的意义和厨余堆肥的方法和相关知识。家庭在线下免费获得堆肥桶、工具、菌剂、工具书等工具和材料,在家庭中进行堆肥实验,并获得老师的指导和家长的帮助。

一是在实验记录中发现问题。在堆肥实验中,要求学生对实验过程定期观察并进行记录。在实验过程中,一些学生并没有得到预期的结果,主要表现为堆肥桶内的厨余垃圾没有达到理想的温度。

今天已经是堆肥第12天,从上周日徐老师建议再加1%的EM菌以来,我们每天翻堆后,都加了1%的EM菌,已经有3天了,但温度还是在27℃左右,这是不是意味着我们的堆肥失败了,需不需要从头再来?(学生记录摘抄)

在不断改进和努力下,一些学生的堆肥桶内的厨余垃圾依然没有达到理想的温度,引发了大家的焦虑以及对失败的担忧。

我每天都戴上手套给它拨弄两下,看着群里很多同学说自己的垃圾变少了,温度超过30℃,等等,我都很心急,我的垃圾看着一点也没变少,最高温度也从来没超过30℃。(学生记录摘抄)

二是在中期评估中进行家庭引导。项目组织者从记录和反馈中及时捕捉到了问题。为了推动项目顺利开展,项目组织者从项目评价角度向学生家庭发出了"致家长们的公开信"。公开信首先肯定了在学业压力和兴趣班夹缝中,孩子依然能参加"厨余堆肥"的难能可贵。其次指出活动初衷即感悟劳动价值,并通过实际行动保护环境。进而提出孩子能观察并提出温度问题已经如科学家一般会进行思考。面向未来,这种"提出问题,分析问题,尝试研究解决办法"的思维和素养就是可持续发展的能力。

三是协同育人中寻求解决方法。在组织者引导、专家指导、家长支持下,学生开始查找堆肥桶内的厨余垃圾没有达到理想的温度的原因,并积极寻找解决问题的办法。

经过观察和思考,大家认为温度不理想的原因主要有三个。其一是环境温度低,如有的学生认为:环境温度低,导致升温期延长(学生记录摘抄)。其二是厨余垃圾潮湿,如有的学生认为:我的厨余很潮湿,玉米皮水分多,没有晾干,且不容易腐烂(学生记录摘抄)。其三是辅料比例不当,如有的学生认为:温度上不去的原因是厨余少、玉米皮等辅料多(学生记录摘抄)。

大家主要通过三个途径寻求解决问题的办法。其一是请专家指导，如有的学生指出，经过老师的指导，翻堆各加了1%的菌粉和石灰粉，又加了10%的膨松剂，这几天温度一直在升高，今天达到了41℃（学生记录摘抄）。其二是自己摸索，如有的学生反映，我的厨余很潮湿，昨天全部倒出来在外晾晒半小时，收回来今天测温又升到33℃（学生记录摘抄）。其三是家庭生活启发，如学生记录显示，家里酿酒，蒸熟粮食加入酒曲后，在中间挖个小洞，让空气充分进入再进行密封发酵；受此启发，让空气充分进入后，升温明显（学生记录摘抄）。

④成果可视化与共同成长是活动持续开展和延伸的有效保障

案例中，"厨余堆肥"的后续活动为"科创环保生活"主题活动。活动立意发挥创意，创新环保，动手实现再创造，通过融入STEM理念，引导家庭、社会共同参与垃圾分类工作。活动中学生发挥创意，在堆肥活动基础上进行"再创造"。国际专家学者对参与学生进行线上"再创造"指导，包括STEM研究能力、创造能力、反思与评价能力等。学生在线提交"再创造"作品，如以图画、故事、诗歌等形式针对活动主题提交艺术作品等。

项目组织者还安排参加"厨余堆肥"的青少年志愿者代表，走进联合国驻华代表处参访交流。志愿者代表用流利的英语介绍自己动手实践厨余堆肥的过程。

此外，中心在后续还组织了教师优秀活动方案设计大赛，参与组织可持续发展的相关教师也参加了此次大赛。"厨余堆肥"的教学方案还获得了相关奖项。这既是对教师参与相关协同育人项目的直接激励，也是通过促进教师专业发展间接进行激励。

(2) 亲子活动开展中的问题与困境

①学业负担影响家庭的选择

公益性校外教育机构与家庭协作开展亲子活动并非一帆风顺。在研究案例"厨余堆肥"主题活动中,虽然参与家庭能够在学业压力、其他课外班的夹缝中选择"厨余堆肥"活动,但在较为漫长的堆肥周期中,仅约50%的家庭能够坚持到最后。

研究者通过对S中心家长问卷调查结果梳理发现,学生在校外机构参加有关可持续发展活动的频率较低。从不参与和偶尔参与的人数超过55%,而经常参与和总是参与的人数比例不足17%。在参与调查的家长中,74%的家长认为可持续发展是孩子综合素质内容之一,孩子应该学习,以提高升学和就业竞争力,这也是家长选择让孩子参与的重要的动因。但在参与调查的720名家长中,有102人从未让孩子在校外参与过可持续发展活动。其中,20%家长认为"学校作业多、学业负担大,孩子没时间"是没有参与的主要原因。在S中心接受调查的教师中,52.12%的教师认为学生课业压力大、时间少是开展可持续发展活动的主要困境。可见,学业负担是制约公益性校外教育机构与家庭协作开展亲子活动的重要原因之一。

②亲子活动育人价值不易挖掘

校外教育中高质量的亲子活动不是纯粹的游戏和娱乐活动,需要专业化的设计,以体现育人价值。从校外教育教师角度来看,他们挖掘和设计亲子活动育人价值的能力有限,制约了亲子活动的质量。

周末的时候,我们是以亲子活动这种形式来进行体验的,我们面对家长和小朋友的时候,如何去把相关教育理念融入其中,既能够让小朋友学习到,也能让家长理解,这块是需要去探索的。老师的专业素养还是有限的,我们不确定应该深入到什么程度才能既专业又适合这个年龄段的孩子,因此,我们确实需要一些专家团队对我们进行指导。(eceot01)

我们这些老师很多其实不是教育专业的,因此,从这些展项出发设计教育活动,已经成为我们一个难题。(eceot02)

目前校外教育师资培养上存在的一个主要问题就是校外教师职前培养去校外化。大部分校外教师毕业于各个专业院校,如美术学院、舞蹈学院、音乐学院等,虽然他们都经历过较系统的专业特长培训。但在教育理论特别是校外教育相关理论方面的学习和培养较为薄弱。这一职前培养模式导致校外教师在专业发展上呈现出专业技能强、教育教学弱的现象。这在一定程度上导致了青少年校外教育活动开展中教育内涵不足,从而削弱了校外活动的教育价值。[1]

---

[1] 陈岚,陈敬.青少年宫师资问题及解决路径探析[J].青少年研究与实践,2018,33(2):96-101.

2. 家庭教育指导的组织形式及规范①

（1）公益性校外教育机构开展家庭教育指导服务的形成与特征

①与专业机构形成优势互补的合作

对于公益性校外教育机构来说，为了更好地开展教育教学工作，需要与家长的合作，而教育理念一致又是合作的重要基础。因此，公益性校外教育机构有引导家长教育理念的内在需求，但大部分公益性校外教育机构不以家庭教育指导服务见长，需要更专业的机构提供师资、课程、服务等资源。而专业的家庭教育指导服务机构又需要公益性校外教育机构提供的开展指导服务的场域。

> 我们还是觉得要利用少年宫这个平台，借助于我们现有的一些优质的教育资源，给家长一些教育理念的引领。(eprel02)

> 实际上当时好几个单位来找，后来我们选中了区妇联，他们有一个家长工作坊，他们带着家长在工作坊的探讨过程中，让家长发现在陪伴孩子成长的过程中，首先改变的不是孩子，而是父母。我们当时协商下来，把少年宫作为他们的一个项目点，开展一个公益活动。(eprel02)

> 区妇联也特别喜欢少年宫。因为到社区开展活动时，

---

① 此处参考了作者《有效家庭教育指导服务如何产生——基于少年宫家长工作坊案例的分析》中的部分内容。王海平.有效的家庭教育服务如何产生：基于少年宫家长工作访案例的分析[J].教育学术月刊,2024(1):64-71.

他们的公益项目困难重重,他们需要去主动寻找家长。他们到社区去的时候,一般都是利用下班的时间,业余的时间,因为上班的时间家长都不会过来,所以这个时候家长的缺勤率很高,他们为社区设计了8—10次课,家长很难从头到尾跟下来,效果也不好。(eprel02)

有研究将家庭教育指导公共服务阵地分为三类:第一类是家庭教育的专业指导机构;第二类是自身并非家庭教育指导专业机构,但明确负有家庭教育指导任务,为开展家庭教育指导而在机构内部建立起组织形式,如学校、社区举办的家长学校等;第三类是自身并非家庭教育专业指导机构,也没有负有家庭教育指导的明确任务,但与妇女工作、儿童教育等有密切联系,并具有可提供家庭教育指导的公共活动阵地,如校外教育机构等。① 公益性校外教育机构属于第三类,而妇联等相关机构则属于第一、第二类。第一、第二类机构有相对完整的家庭教育指导服务组织和专业的资源,但在开展家庭教育指导服务时可能会面临一些困难。有研究指出,当前家庭教育指导服务活动时间安排不尽合理。指导活动安排在工作日白天进行的比率高,给家长带来不便,直接后果是出席率受到影响,祖辈参加多于父母参加。② 公益性校外教育机构提供的家庭教育指导服务可以很好地解决上述矛盾。校外教育活动实施的主要时间为学生课

---

① 赵刚,王以仁.中华家庭教育学[M].北京:研究出版社,2016:704.
② 赵刚,王以仁.中华家庭教育学[M].北京:研究出版社,2016:699.

余时间,即寒暑假、周末、一般节假日、放学后等时间段。其中,周末、节假日等时间段一般也是父母不用上班的时间。公益性校外教育机构中的家长在送孩子的时候,就可以参与指导服务工作。在上述案例中,区妇联的家长工作坊还根据少年宫的具体情况进行了一些改造,如把原来2个小时的活动,缩短为1个小时20分钟,这个时长正好是孩子在少年宫参与兴趣小组活动的时间段。再如,家长工作坊把原有课程体系精炼到6次,即开展6周活动。这样家长一般都能坚持下来,并且每一次参与家长工作坊的时间也不影响家长接送孩子。

②构建可及、平等与安全的时空

首先,利用校外教育活动独特的时间提高家长参与的便利性。

拉鲁在分析家庭社会文化资源时指出,拥有高价值的文化资源是远远不够的,拥有文化资源不代表我们知道如何转化成文化资本。从资源到资本的转换过程分为三个阶段:拥有社会文化资源;激活这些文化资源并进行投资;从这些投资中得到社会收益。[①] 从这一视角审视家长教育,意味着只有当家长教育活动和资源容易被家长获得和使用时,才能转化为家庭教育社会文化资本,家庭教育指导服务才是有效的。

在影响家庭教育指导服务的诸多要素中,时间安排是重要因素,也是影响家长有效获得和使用资源的一个重要因素。从

---

① 安妮特·拉鲁.家庭优势:社会阶层与家长参与[M].吴重涵,熊苏春,张俊,译.南昌:江西教育出版社,2014:204-205.

前面少年宫与区妇联合作的案例中可以看出,校外教育活动的时间为家长获取和动员家庭教育指导服务资源创造了可能的时间条件。家长在少年宫等待接孩子回家的这一段必要的闲暇时光成为开展家长教育恰当的独立时间段。

其次,通过活动空间布置构建家长平等参与机会。

教室桌椅排布影响着教室内的互动,塑造人与人之间的社会关系。列斐伏尔创造性地提出了"空间生产"的概念[1],空间不单指事物处于一定地点场景之中的经验性安置,也是指一种态度与习惯实践。空间可以理解为一种社会秩序的空间化。[2] 一般教室均采用类似于列车座位式的排列方式。这暗示了一种沉默,座位的排列显示了学生要以教师为中心,自己只要"坐着安静地听讲"。[3] 这种方式排斥了教学活动之外的其他交流与互动。

家长工作坊形式的家长教育指导服务可以打破传统的教室桌椅排列方式。

家长工作坊活动被安排在一个可容纳百人的会议室中进行。不到8:30,大约有15位家长先来到会议室,会议室前面的讲台上正在播放着课件。大家习惯性地坐到了会议

---

[1] 列斐伏尔.空间的生产[M].刘怀玉,等译.北京:商务印书馆,2022:序言15-22.

[2] 刘怀玉.《空间的生产》的空间历史唯物主义观[J].武汉大学学报(人文科学版),2015(1):61-69.

[3] 石艳.我们的"异托邦":作为社会空间的学校[D].南京:南京师范大学,2008:87.

室有桌子、有椅子的中后排的位置。(参与式观察笔记)

老师到来后,首先请大家帮忙,把会议室最后几排的座椅重新布置。将椅子按照参与人数,围成一个椭圆形,没有桌子,老师坐在椭圆一角。家长们围成一圈而坐。(参与式观察笔记)

这一座椅排布方式一方面意味着参与的家长和教师是一个群体,具有成员身份和成员边界;另一方面意味着群体内的老师和家长的交往与互动呈现多中心化和开放化,有利于家长平等沟通。在这一座位编排方式中,"参与立足于每一个人,他(她)的经验、热情、投入、好奇、智力风格、思维特质都成为课程资源;合作意味着这是一个群体的学习、群体的生活"[1]。此外,这样的座位排布在一定程度上消除了家长的疏离感。在校外教育机构中的家长与中小学校的情况不同。中小学校的家长教育指导服务一般以班级、年级为单位开展,家长们彼此相对熟识。但校外教育机构中家长和学生的流动性都比较大,彼此更加陌生。

最后,通过建立参与规范提高家长互动的安全感。

通过一定的规范设定了家长活动的界限,使参与的家长在这个小群体当中,获得安全感。

在第一次课将要结束时,老师便建立了微信群,并发布

---

[1] 刘云杉. 教学空间的塑造[J]. 教育科学研究,2004(6):10-12.

了群规：

　　遵守团队保密性原则，涉及团队成员隐私的，不能对外宣传，只在群内分享交流。

　　大家可以在群中分享优秀的亲子文章、亲子互动视频等，我们彼此分享资源，互相取暖，共同进步。

　　禁止在群中发任何与亲子无关的文章、广告、游戏链接等。（参与式观察笔记）

　　家庭属于私人领域，是私人生活的据点，具有私密性。这一特点决定了家庭教育指导服务同样具有私人属性。而以学校、社区、社会教育机构等为代表的机构属于公共领域，其开展的家长教育也具有公共属性。因此，在一定程度上，上述机构开展的家庭教育指导服务在本质上是公共领域与私人领域关系问题。[①] 当家长教育介入家庭私人空间时，家长可能会感到一定程度的不适和不安。因此，设定家长教育的参与边界规则，适度保持参与者的私密性，有助于提升家长的安全感，让他们敞开心扉，分享自己家庭教育中的苦恼和问题。这个小团体中，家长们易于形成相互信任的氛围，互相启发，互相鼓励。

　　③形成体验性的反馈强化链

　　工作坊，英文简称workshop，最早可以追溯到20世纪初德国沃尔特·格罗皮乌斯创立的包豪斯学院。它倡导"理论与实

---

① 王东.论学校家庭教育指导工作的边界及其启示[J].中国教育学刊，2023(1):47-51.

践同步"的教育理念,学生的学习过程类似于"工厂学徒制"。① 家庭教育指导是一种实践性很强的教育活动,工作坊是其重要的形式。亲身参与、问题解决、分享共情等是家长工作坊的重要特点。

首先,以家长亲身参与为前提。

柯林斯在互动仪式链理论中特别强调在小型空间内的面对面互动,他认为仪式本质上是一个身体经历的过程,需要身体共同在场这一条件。远程交流参与感远不如亲身在场的情景。人类的活动越是通过远程媒介、以强度较低的互动仪式来开展,人们就越觉得缺少团结感。② 家长工作坊活动以身体在场和面对面互动为前提和关键特征,在每次活动开场和结束时都设定了特别的身体接触环节。

> 每次课的课前,老师都会安排暖身活动或者破冰游戏。例如,家长每两人一组,每人用一只脚碰触另一个人的同侧脚,再用另一脚碰触另一个人的另一个脚,然后两人对向击掌。(参与式观察笔记)

> 每次课结束时,老师都会安排一个仪式,所有参与的家长和老师每个人都把一只手伸出来,搭在一起,然后给团队和自己喊加油、鼓劲。(参与式观察笔记)

---

① 孙玉红,李广.工作坊:培养职前卓越教师的第三空间——基于东北师范大学培养小学卓越教师的实践[J].教育理论与实践,2018,38(2):27-29.
② 兰德尔·柯林斯.互动仪式链[M].林聚任,王鹏,宋丽君,译.北京:商务印书馆,2009:105.

通过这种开场和结束的活动，可以增强原先互不相识的家长之间的接触和交流。身体接触是经历在场的重要方式，家长们彼此关注对方、传递情感、开口交流。在不断的互动中，获得情感上的相互鼓励和支持。

其次，以家庭教育问题解决为目标。

聚焦帮助家长解决家庭教育问题是家庭教育指导服务的关键目标。家庭教育指导具有成人教育的特征，要满足家长的切实需要。成人之所以接受教育，主要是为了满足工作或生活的切实需要，其动机非常明确。家长之所以接受教育，是因为他们现有的知识和经验无法满足教育子女的需要。[①] 因此，在家庭工作坊中，增进父母胜任力是家长和指导者共同的目标。

家长工作坊开始之初，老师就开展了"超级访问"的活动。要求每两个家长一组，每人向对方陈述三分钟，内容包括：家长姓名、职业、爱好、孩子姓名、家长的困惑，希望在这里学到的内容。然后由另一个家长向大家介绍组员的陈述。家长们在汇报时，主要列举了自己的家庭教育困惑和参与培训的诉求。

a. 家长如何控制情绪；

b. 孩子对数字不敏感；

c. 两个孩子，一个上公立大班制幼儿园，一个上私立

---

① 洪明.什么是家长教育?：家长教育的内涵辨析[J].教育科学研究,2017(9):72-75.

小班制幼儿园，友爱程度不同，有偏差；

　　d. 希望得到更好的教育方法；

　　e. 怎样考虑兴趣班，让孩子更好成长。家长在一个兴趣班的微信群中，看其他家长讨论，自己感到很焦虑；

　　f. 孩子行为缓慢，自信心不强；

　　g. 如何提升孩子专注力，情绪控制力；

　　h. 孩子做事动作比较慢，如何提高效率，如何与孩子沟通；

　　i. 如何与孩子共同成长；

　　j. 如何与家长的父母沟通，达成一致；

　　k. 如何管理孩子打游戏；

　　l. 家长如何做家庭的催化剂；

　　m. 经常给孩子两个选择，可孩子两个都不选；

　　n. 自己先生脾气大；

　　o. 孩子性格内向，但在家是小霸王；

　　p. 家长自身不完善；

　　q. 孩子学习兴趣不高；

　　r. 如何平衡两个孩子的相处；

　　……（参与式观察笔记）

可以看到，每个家长都是带着困惑、问题与期待来到工作坊的。这些问题实际上存在着一个共性。如两个孩子之间的相处问题、孩子学习能力与习惯问题、孩子情绪管理问题、家长自我完善问题等。与传统课堂教学模式关注个体学习结果不同，工作坊教学模式强调分组学习和团队协作,注重发挥集体智慧和集体力量开展实践项目,并通过与团队成员的分工合作形成解决问题的新方法和新思维。[①] 工作坊以问题解决为目标的特征非常有助于解决家长共同的问题与困惑。

最后,以分享、体验和共情为主要方式。

分享与体验活动是家长工作坊的一大特点。家长可以从分享和体验中学会站在孩子角度看问题,了解孩子的感受,反观自己的问题。在这个过程中,家长们也实现了共情。通过共情,参与者在工作坊学习探索的过程中更加懂得理解、尊重和赏识他人,愿意换位思考和交叉融合,构建和谐高效的学习共同体。[②]

家长工作坊从第二次活动开始,持续开展了分享活动——我的家庭故事。

> 从第二次课开始,每次课都会有一个重要的环节,请二到三位家长,分享自己的家庭故事,大家进行交流,通过分享找到自己的影子,从中受到启发。分享是为了让大家找到自己的影子,在自己的行为、情境、和他人的叙述中找到自己、找到孩子。(参与式观察笔记)

体验活动也是家长工作坊每次的必选活动。教师通过模拟

[①] 张宇,钱逸秋,李文涛,等.工作坊:技术应用型人才培养的新模式[J].职业技术教育,2018,39(34):31-36.

[②] 张宇,钱逸秋,李文涛,等.工作坊:技术应用型人才培养的新模式[J].职业技术教育,2018,39(34):31-36.

游戏的方式让家长扮演孩子,还原家庭教育场景,体会孩子的感受。

家长两两一组,每人间两臂距离,保持平静,伸出右手食指,指向对方,不要出声。三十秒后,老师让大家谈感受。

一位妈妈:感觉对方在批评她,很生气。

一位爸爸:感觉像刚才女儿学舞蹈时的一个动作,很有趣。

老师:认知决定了我们的感受。当把指认知为批评时,我们会生气;当把指认知为舞蹈动作时,我们会快乐。这一点对孩子也适用。

同样的组,同样的距离,但这次请大家竖起拇指。

此时,大家都面带笑意。

老师:因为大家把这个竖起拇指的动作都认知为鼓励了,所以大家都很高兴。我们有约定俗成的行为,食指和拇指给孩子带来的感受是不同的。

大家仍然两人一组,对向站立,手的动作改为击掌。

此时,所有人都不自觉、不约而同地把身体向前倾,每个人都很快乐,有的人都笑出声了。

老师:"关系是有疗效的。"孩子都渴望和家长建立关系,但成人建立关系是有条件的。当孩子做了自己认为好的事时,我们才去拥抱、建立关系。(参与式观察笔记)

借助体验与分享活动,促使家长感受孩子立场与亲子关系问题。通过分享和讨论,家长可以发现自己孩子呈现出的问题并不是独立的,而是某个年龄段大多数孩子都有的共性问题。这样便可以促进家长对这些共性问题的高度关注。在对孩子存在的共性问题聚焦后,老师进一步通过体验活动,将解决问题的路径聚焦为改善亲子关系。案例中的家长教育借助体验式活动,从聚焦家长心目中孩子的成长问题到聚焦改善亲子关系的解决路径,能引起参与家长的强烈情感共鸣。正如柯林斯所指出的,互动中的关注焦点和共享的情感状态相互强化与反馈是互动仪式链的关键过程,参与者情感与关注点的相互关联,产生了共享的情感/认知体验。[1]

(2)公益性校外教育机构开展家庭教育指导服务的困境与问题

①没有形成常态化支持机制

家庭教育指导的形式是多种多样的,包括持续时间较短的演讲、家访、亲子互动活动、座谈等;持续时间较长的家长学校课程、家长自助小组等;有固定持续时间方式的 PET 父母效能训练、STEP 有效教养系统训练等。[2] 在这些形式中,应鼓励小范围、面对面的互动形式。这种活动形式使成员更容易觉察其他成员的身体信息,进入共同的情感节奏,从而增进互动的效果。例如,研究表明,父母效能训练团体形式由于参与成员较少,其

---

[1] 兰德尔·柯林斯.互动仪式链[M].林聚任,王鹏,宋丽君,译.北京:商务印书馆,2009:86.
[2] 黄河清,吴怡然,彭芸.家校合作中的家长教育方式[J].教育学术月刊,2011(11):65-67.

参与者必须积极开放地投入学习活动,通常会更具成效。[①] 但是,例如案例中家庭工作坊这样的常态化小范围、面对面的家庭教育指导需要健全的保障体系,如专业而稳定的师资队伍、专项经费、专门的活动咨询室等,这些是确保"身临其境"的家庭教育指导形式有效开展的必要条件。

但在公益性校外教育机构中,用于开展家庭教育指导服务的稳定的师资队伍、专项经费、专门的场所等相对不充分。例如,有校外教育管理者指出:"2020年之后,家长就不让进楼,其实有好多家长是想一直做下去,但是因为外部环境变化就没有做下去。"外部条件的变化往往会影响活动的常态化开展。

②与家长理念不一致

案例中家长工作坊每次参与的家长一般为20位左右。对于数量的控制,一方面源于互动效果的要求,另一方面也源于工作坊要招募一些志同道合、愿意参与的家长。参与家长工作坊的家长数量还远远小于在少年宫等待接送孩子的家长。

> 开始做家长工作坊时挺难的,家长也得有一个理解认识的过程。我们前两次做宣导,家长就在外头坐着,等孩子、看手机,他就不进去听,我们出去邀请了,他也不进去听。(eprel02)

一些家长其实并不认可家长工作坊,其中与家长自身对家

[①] 赵刚.家长教育学[M].2版.北京:教育科学出版社,2022:198.

庭教育指导服务的重视程度有关，也与家长对公益性校外教育的定位有关。

对于孩子来说，他们的主阵地是在学校，家长也觉得是这样，那么我们校外教育从时间到空间都是在一个"外"字上，但是在教育协同教育大的话题之下，我们不能在外，我们要在内。大家，包括现在的家长，觉得校外教育就是各种技能技巧培养、培养兴趣。（eprel02）

目前，家长对校外教育的需求主要集中在课后看护、日常辅导、弥补短板、补充学校教育、培养优势、升学择校、未来发展、全面发展以及助力学习等方面。家长对公益性校外教育机构开展家庭教育指导的意义认识并不多，很多家长并没有意识到公益性校外教育机构应该或可以开展相关活动。

第四章

公益性校外教育机构、学校与家庭协同育人的行动逻辑演进

第四章 公益性校外教育机构、学校与家庭协同育人的行动逻辑演进

在上一章中主要讨论了校内外教育协同育人的社会期待、组织方式与措施变革及实践困境。上述讨论凸显了实践活动中的组织层面以及协同育人制度的规范性层面。"实践是实践的参与者能动地发挥作用的过程,这种能动的作用,是塑造实践逻辑的一个重要因素。"[①]本章通过揭示行动者的逻辑体现人们关于事物性质的普遍理解以及建构的意义框架,即公益性校外教育机构、学校与家庭协同育人制度的文化—认知维度。

第一节 公益性校外教育机构与学校协同育人的行动逻辑演进

一、个人关系铺垫

公益性校外教育机构与学校的合作始于双方互惠基础上组织间的个人关系。早期校内外教育的协作往往是以领导者、管理者的"人脉"为基础的,是基于个体人际关系的协作。公益性校外教育机构负责人通常利用自己的人脉资源,以官方或非官方的名义与学校建立联系、开展活动。公益性校外教育机构的负责人更多地会积极主动地与相关人员交往,以维持这种人际互动和人脉资源,为校内外教育协作打好基础。

---

① 孙立平.迈向实践的社会学[J].江海学刊,2002(3):84-90.

wcoel01 主任是西部某市区青少年校外活动中心主任。该中心 2006 年由福利彩票公益金资助建立,成立后暂由政府占用。wcoel01 主任 2008 年调入中心履职。当时的情况并不允许她办活动。因为区领导都在活动中心办公,周末还经常开会,开展活动容易打扰到政府工作。直到 2009 年,政府办公机构全部撤离后,活动中心才开始正式运营。当时,活动中心连一块牌子和标志都没有。所以,wcoel01 主任正式工作后的第一件事就是和区里申请了一万元经费,在活动中心楼体上贴上了活动中心的名字,并在字的周围镶嵌了霓虹灯。为了宣传活动中心,wcoel01 主任还带领另外两个教师去学校门口、商场等地方发广告、贴海报。在这样的境况下想与学校开展活动,其难度可想而知。wcoel01 主任曾在学校担任过十几年一线教师,之后又担任了八年的少先队辅导员,再后来又担任了八年的校党支部书记。wcoel01 主任充分利用以前工作时积累的经验和人脉,开展了以人际互动为基础的校内外教育衔接行动。

(一) 通过个人关系整合主管部门资源

wcoel01 主任在学校工作时,就感受到团委、科协、妇联等部门各自为政的弊端。各部门独立活动,开展很多相近甚至重复的活动,致使学校疲于应付。wcoel01 主任利用自己的人际关系,整合了各主管部门的资源,不仅减少了学校的重复活动,壮大了活动平台,还促进了青少年活动中心与学校的关系。可谓一举三得。

那时候搞活动，团委给我们发个文件，我们就赶紧组织学生，应付团委的活动，然后妇联又给我们发个文件，我们又赶紧组织学生搞活动，实际上是同样的活动。这些部门，都有权向我们学校下发文件。那个时候他们不喜欢联合搞活动，就是各搞各的，这样使得我们学校活动很多，老师们疲于应付这些活动。后来我去了校外活动中心，我提出把这些活动整合起来，一起举办，几家联合起来，既能扩大影响，又不和学校的教育教学冲突。组织活动的时候，我发布通知并主动与他们联系，请团委、妇联、科协盖章，他们也很高兴，举办启动仪式的时候，几家单位联合起来，最后给学生的奖品档次也能提高。他们愿意出一份力当然更好；即便他们不愿意，我自己承担也无妨，加入他们的名字后，他们和学校都很满意，我们也能扩大影响力，反正这几年我们就是这样走过来的。（wcoel01）

我还联系过关工委，通过关工委下属的家长学校与学校建立联系。我过去在学校工作，又隶属于教育局，我可以直接与学校联系。但是，现在讲究合作共赢，如果以关工委的名义举办讲座，可以覆盖整个区，惠及一万多名小学生的家长。学校需要我去讲解这方面的内容。同时，我又利用了这个平台，可以说是一种合作。通过家长学校，我们可以到学校里为家长授课，在授课的过程当中，就把我们培养特长的思想观念传达给这些家长。（wcoel01）

(二) 对学校教师个体进行情感维系

wcoel01 主任所在的青少年校外活动中心只有三个正式编制,此外还有十三个外聘的专业教师。在人力资源缺少的情况下,wcoel01 主任利用她曾经当少先队辅导员时所积累的人脉关系,请现在学校的少先队辅导员来做志愿者,帮忙组织活动。

(三) 非正式结交私立校外教育机构伙伴

wcoel01 主任所在的行政辖区的人口约十五万,全区共九所中小学,约一万四千学生。除了这一所公立校外教育场所外,其余均为私立的校外教育机构。这一地区人口较少,生源也不多,再加上假期一部分学生选择跨区域旅游,因此,各机构之间存在着生源上的竞争。wcoel01 主任不但没有把私立校外教育机构视为竞争对手,而且还试图通过私下交往,使私立机构视其为朋友,以期日后的合作。

科尔曼等社会学者十分强调个人利用社会网络争取社会资源以获得地位的意义。[1] 从案例中可以看出,在没有行政权力强力驱动的情况下,依靠个人人际关系建立合作关系是早期公益性校外教育机构与学校等协同育人实践的重要逻辑基础。

二、制度组织保障

基于个人关系的校内外合作不易大规模、持续化开展,需要

---

[1] 周雪光. 组织社会学十讲[M]. 北京:社会科学文献出版社,2003:114,118.

制度及组织机制加以保障。制度组织保障包含两个方面，一方面是公益性校外教育机构和学校上级主管部门提出要求，并赋予行政权力吸引或要求学校与校外教育机构协作。另一方面是公益性校外教育机构和学校通过项目制等方式开展制度化的协作。

(一) 拥有对学校的评估权力

mcoel01 主任所在的校外教育活动中心地处东北某市区，是由福利彩票公益金资助所建。在与学校教育结合过程中，mcoel01 主任吃了学校不少闭门羹，但当他们获得了对学校进行评估的权力之后，情况发生了极大的改变。

> 一开始我们下去的时候，免费送课，学校都不理我们，午饭也不提供，我们自己在食堂吃的，老师回来都挺抱怨的。(mcoel01)

从社会礼俗角度来看，一般外单位来人，学校应该以礼相待。校方的冷淡态度反映了校领导对校外教育的漠视，对送课入校的抗拒，对校内外教育衔接的抵触。

《关于实施"全国中小学生课外文体活动工程"的通知》(教体艺〔2001〕4号)中规定："九年义务教育阶段的在校学生，要利用每天下午课后时间，开展不少于一小时的文体活动或其他课外活动。"《关于进一步加强和改进未成年人校外活动场所建设和管理工作的意见》(中办发〔2006〕4号)中规定："要把学校组织学生参加校外活动以及学生参加校外活动的情况,作为对学校和学生进行综合评价的重要内容。"mcoel01 主任看到了这些文件,希望利用这些政策向主管部门要政策,以保障校内外教育衔接。

> 我们一直就跟局长争取。我们抓了文件,里面要求每个孩子都得参加课外活动,我们申请,但一直也没给。去年才把 4 分给我们。(mcoel01)

这 4 分就是每学期末青少年活动中心可以对辖区所在小学进行评估的分数。这个评估将影响到学校成绩、领导的业绩。因此,有了这 4 分的权力,学校领导的态度发生了重大的变化。

(二) 配置统筹学校的行政组织

eciel02 主任是东部沿海某市区青少年校外教育活动中心主任,该中心有 60 多年历史,由教委管理。该市的校外教育机构有着特殊的组织架构。eciel02 中心除了主任和书记这一套常规的校外教育领导班子外,还有三个"引领人"在这一中心。第一个是区少先队总辅导员,由该中心副主任兼任。负责全区少先队工作。第二个是区学校科技干部,统筹整个区域内的科技活动和科技工作,如组织竞赛、培训教师和学生等。第三个是区艺术干部,负责统筹全区艺术竞赛、培训、展示等工作。一般情况下,少先队总辅导员是区团委行政人员,学校科技和艺术干部是区教委的行政干部,但该市将这些人员落在青少年活动中心，由中心统一管理，这使得该中心获得了极大的权力，有利于与学校教育结合。

校外教育中心的这种组织架构使得它有指导学校的权力，成为学校的上级业务指导单位。

> 校内与校外的关系是怎么样的？我们的关系是完全融合的。青少年活动中心或者少年宫在融合的过程中用自己的专业起到了引领作用，渐渐地形成了指导基层单位的地位。（eciel02）

> 我是总辅导员，负责总的活动。因为有三个这样角色的人，教育局行使作用的人在青少年活动中心，所以我们对学校来讲是指导单位。所以到学校去，我们不说走学校，我们是下基层。好像地位提高了，那么这个地位怎么来的，不是自吹自擂的，而是用作为求地位。在多年的实施过程当中，教委和团委把这样重要的人物放在了青少年活动中心，然后直接授权给我们，这样的话我们就可以对各个学校进行指导。（eciel02）

校外教育活动中心的权力不限于业务指导和引领，而且还具有对学校评估和考核的权力。

> 比如说我们谢老师他的专业是摄影摄像，那么摄影特色学校由他来评估。如果学校在某一个方面评了优秀的话，教育局会拿出一部分的经费，奖励给这个学校和教师作

为绩效工资。(eciel02)

正因为校外教育活动中心有这样的评价和考核权力，学校对活动中心所组织和策划的活动都积极响应，参与率极高。

我们青少年活动中心有这样的一个评价体系，我们就可以去考核、去评价，去组织和策划一些活动。(eciel02)

校外教育活动中心的权力还能使学校积极地提供物质资源和人力资源，真正实现校内外资源共享。

学校的资源就是我们的资源，青少年活动中心的资源也是学校的资源，因为都是教育系统的，我们可以共享资源。比如说我们策划的"我要玩麦克风"活动，我们只要和学校打个招呼，就把高中的一个操场变成了我们活动的场所，学校不要任何费用，他们还派老师帮助我们举办活动。(eciel02)

(三) 建立"宫—校—院"项目联盟

F少年宫在支持学校课后服务制度化合作中进行了有益的探索。2019年，该少年宫面向全区中小学召开特色项目展示会，学校中业务副校长悉数到场。通过项目展示会，该少年宫的面塑项目与三所学校达成了合作意向。在此基础上，该少年宫又邀请本地区教师研修院（主管中小学课程建设与教师教研）一同合作，形成了项目联盟。后来，又在此基础上，与另外两所中学达成合作，项目联盟学校扩大到五所。

上述联盟形成了具体的实施方案和协议。文件对组织结构、职责分工、经费渠道、实施计划、评价指标等都进行了详细的规定。例如，在组织结构与职责中指出：项目联盟在地区教委领导下，由少年宫、教师研修院、学校三方领导组成领导小组，由项目团队、专家团队、校方美术教师组成的工作小组负责项目联盟的组织、实施、管理、指导等工作。教师研修院负责研发校本课程体系、支持学校特色发展；少年宫负责推广艺术优质项目课程，具体实施、组织特色专业活动，搭建艺术研修平台，与教研员制定课程标准；联盟学校负责艺术特色发展、校本课程建设、特色社团的成立。实施方案和协议的形成，有效促进了合作的制度化和组织化。

三、文化符号同构

新制度主义社会学范式的主要取向即关注蕴含并支持制度的普遍性文化认知系统。[①] 公益性校外教育机构与学校协同育人在组织建设实践逻辑基础上的进一步深化就是文化的认同与共同建构。公益性校外教育机构或学校一方应先形成文化符号的雏形，进而双方围绕这一文化符号开展共建。

---

① 罗燕."五唯"学术评价的制度分析：兼论反"五唯"后我国学术评价的制度取向[J].复旦教育论坛,2020,18(3):12-17.

(一) 课程文化孕育与协同的奠基

eciwl01 主任所领导的单位是东部 J 市隶属妇联的 J 妇女儿童活动中心。由于归口单位不同,该妇女儿童活动中心和学校最初的联系并不密切。eciwl01 主任依靠当地深厚的传统文化积淀,从整治环境到树立团队价值再到建立课程体系,一步步地发展自己。希望通过自己机构的文化吸引学校协作。

首先,从硬件入手,整治环境。eciwl01 主任于 2009 年成为该妇女儿童活动中心的一把手,她上任后的第一件大事就是改造中心的环境。因为她认为,校外教育不是简单的培训班,而是教育的一种,妇女儿童活动中心应该是一个育人的场所。

> 一开始,我想做一下环境的改造,硬件方面的改造,因为这边是个新楼,这个新楼不太有儿童的特点,有点像教学楼、办公楼那种感觉。当时就依据孩子的身心特点、环境育人作用、教室功能性,聘请了专业的设计公司,并将我们一些老师的想法融入其中。他们身处教学一线,知道怎么样设计适合教学。所以有些东西,包括把杆、电视机、插头设计多高,等等,既要考虑孩子的安全因素,还要考虑到教学实用性。改造后要像是孩子的东西,让孩子们喜欢。从色彩上,教室布置上,都是大家集思广益,共同来参与的。老师们倾注了大量的心血,因此他们对这项工作充满热情。(eciwl01)

其次，树立自己的核心价值，建设团队。eciwl01 主任主抓的第二件事就是为自己的团队和中心树立核心价值，找到未来发展的方向和目标，为具体开展活动找到抓手。通过外出学习和思考，结合自己所在地域的文化资源，eciwl01 主任找到自己团队的目标和抓手。即以"教天地人事，育生命自觉"为核心价值和目标，以通过传统文化培养儿童道德为抓手，以文化体验为起点。

> 后来就意识到，首先，我要把团队建设好，我把核心价值文化放在里面，最开始就从传统文化里面汲取营养。后来，华东有一些年会，当时我听了叶澜教授的报告，感觉叶教授把我自己实践的东西一下子提炼出来了，我找到我想要的东西了。所以，我就把叶教授提出的"教天地人事，育生命自觉"作为中心的理念。我们这个团队和中心应该有自己的理想和目标。我觉得这个理念既有中国传统文化的特点，又涵盖了很精深的东西。（eciwl01）
> 那么我们怎么去理解这句话，我也是在边做边悟。在做传统文化基地这一块儿时，我受到山东大学对外国留学生教学经验的启发，我觉得，其实孩子就是一张白纸，应该在他来到这个世界上以后，接受家庭的教育，学校的正规教育，同时还有一些，现在叫非正式教育。孩子通过亲身体验，他能获得非常深刻的印象。这个体验，我们是从山东大学那里受到启发的。外国留学生那个感觉和孩子的感觉是一样的，都不懂，不明白，所以就应该让他通过自己做，去了

解,然后慢慢再去悟,去喜欢,再深入地学习。中国传统文化里有很多做人做事、治国理政、教人成才的道理。我们觉得做儿童道德教育是我们的一个抓手。通过传统文化来开展儿童道德教育,首先进行传统文化体验,使儿童对传统文化的元素产生兴趣,进而激发他们的探索欲望,播下文化的种子,如果有进一步探索的需求,那我们再继续深入引导。(eciwl01)

最后,建立课程体系,走文化自觉之路。在实践中,eciwl01主任发现传统文化体验活动浅显、零碎,仅靠这样的活动无法实现百年树人的目标。后来通过参与华东师范大学少年宫课程建设研究的项目,eciwl01主任开始了课程体系建设的专业化之路,研发了三类四维度课程。

后来在做的过程当中,我感觉学生来两个小时、半天、一天,仅仅是体验,但是真正要想深入地学习中国传统文化,光体验是不够的。一开始我很迷茫,怎么用这个平台,用传统文化的东西来对儿童实施立德树人的教育?十年树木,百年树人,这个道理我是懂的。后来正好华东师范大学要做少年宫课程体系的建设,我说要做就做中华传统文化基地及课程体系建设,华东师范大学给我们立项了一个华东区域重点课题。我们也是摸着石头过河,开题报告都不知道怎么写。后来我们意识到,我们有硬件了,如果不抓教师队伍的建设,尤其是专业方面,那么将来就是无源之水。

所以我要用课程建设来带动教师走专业化道路。

我们要把框架搭起来，我就跟着华东师范大学走，他们提出两型四类课程①，我们这文化体验其实就是普及性短课程。两型四类搭建起来之后，我们的内容主线是什么呢？传统文化这么浩瀚，我们给孩子们提供什么？我们要有一个自己的思路，我就聚焦于传统文化中的立德树人部分，以德育目标贯穿所有的教材内容，这是一个隐形的主线。而显性的表征是单元课题，我们开发了传统文化的三类四维度课程。三类是经典诵读、古诗文研习、中华艺能这三类课程。四个维度就是人与自我、人与他人、人与社会、人与自

---

① 华师大课程组将少年宫课程分为两型四类。

短课程与长课程。按学习的期长分，少年宫课程可分为短课程和长课程。需持续学习超过一学期的课程称为长课程。长课程最主要的特点是课程成系列、持续时期长，一般按学期制进行，可由多个短课程模块组成。少年宫主要利用学校教育以外的时间，课后、周末、寒暑假来进行教育教学活动。这种时间上的特殊性就决定了少年宫必须存在一些灵活、开放的短课程。短课程应更注重新颖与趣味性，让参与者能有印象深刻的体验，或者能给予他们一种全新的视野。

普及型课程与提高型课程。按课程的功能分，少年宫课程可分为普及型课程与提高型课程。普及型课程是以向广大少年儿童普及基本理念、激发兴趣、培养基本素养、发现潜能为主要目的的课程。提高型课程是以让具有专长素养的学员通过系统的学习，提升专业能力为目的的课程。

将期长分类与功能分类相结合可以得到少年宫课程的四种类型：即普及型短课程、普及型长课程、提高型短课程、提高型长课程。普及型短课程包括有限定性固定场所的课程如场馆体验、营地活动等和无限定性固定场所的课程如社会实践、公益服务等。普及型长课程包括由多个项目、多个短课程组成的体验活动，和系列学习形式的启蒙学习。提高型短课程主要包括为完成某一项任务而集中进行的集中排练、突击式提高学习。提高型长课程主要是对既有兴趣取向又有专长潜能的学员进行系统的专业提升式学习的课程。参见：张昱瑾.少年宫教育课程结构建设：内涵、问题与构想[J].全球教育展望,2016,45(7):41-50.

然。我们用这三类四维度的课去实现传统文化立德树人的目标,从四岁一直到十二岁。我们开发了十二册教材,经典诵读四本,古诗文研习六本,中华艺能两本,能够让孩子通过课程体系学习做人做事的道理。

eciwl01 主任的经历表面上是从环境建设到队伍建设,再到课程建设的过程。更深层的,她经历了从行动到理念再到行动的螺旋式上升过程。正如 eciwl01 主任所总结的:"一开始可能不清晰,知道要做,不知道怎么成体系地做,不知道理论依据是什么,但是,慢慢在这个过程当中,逐渐清晰,就是生命自觉教育,然后我们去诠释它,实践它,证明它,再提升,再实践,这样一个过程。"

eciwl01 主任希望通过机构的文化自觉,可以吸引学校合作。"我们都是靠自己做的活动和学校结合。今天靠我们自己的这种生命力、活动的内涵去吸引社会的资源和学校的资源,然后让孩子们加入我们这儿来。"

(二) 文化符号同构与协同的深化

在案例 F 少年宫支持学校建设特色工作室的项目培育模式中,校内外教育合作实际上已经走上了品牌化和文化传播层面,具有了文化符号认同的意涵。

现在我们第一批的三所联盟学校已经都组建了"面趣坊"特色工作室,这是少年宫的品牌。当时在跟校长谈的时候,就说好这个品牌是不能变的,这是我们的文化 IP。名字不能变,底下我们可以有一个副标题,但是 logo 是不能变的,因为这个才能看出我们服务社会的品牌的重要性。(eciel05)

特色工作室建设是学校和公益性校外教育机构基于文化符号的互动,是一种可持续的、有效的合作形态。微观情境中人们有效互动的表征之一就是产生代表群体的符号,这种符号能促进参与者感受自己与集体的关系,并捍卫和尊重这种符号。[①] 这种符号可以在未来的情境中影响群体的互动以及个人的认同性。[②]

第二节 公益性校外教育机构与家庭协同育人的行动逻辑演进

一、提供支持与服务

公益性校外教育机构为家庭提供课后照护、作业辅导等基础服务,确保孩子在非学校时间得到妥善照顾和学习支持。同时,借助自身优势,为家庭提供社会实践平台和社会资源,促进

[①] 兰德尔·柯林斯.互动仪式链[M].林聚任,王鹏,宋丽君,译.北京:商务印书馆,2009:86-87.
[②] 兰德尔·柯林斯.互动仪式链[M].林聚任,王鹏,宋丽君,译.北京:商务印书馆,2009:128.

儿童全面发展。

（一）满足家庭基本照护需求

在这一层次，公益性校外教育机构与家庭之间的合作主要基于对孩子的基本教育和照顾需求。校外教育机构提供课后照护、作业辅导等基础服务，确保孩子在非学校时间得到妥善照顾和学习支持。

无论是新中国成立初期，女性走向生产场域，儿童照护从家庭空间部分转移到公共空间；还是改革开放深化时期，家长均忙于工作，无暇在非学校时间妥善照顾孩子并提供学习支持，公益性校外教育机构提供的儿童课后照护服务都为家庭建设与教育提供了重要保障，成为与家庭合作的基础。在这一基础上，公益性校外教育机构与家庭可以开展更加频繁地信息交流。公益性教育机构可以定期向家长反馈孩子的学习进展、心理状态及在校外活动中的表现，而家庭也会分享孩子的家庭学习环境、兴趣爱好和成长需求等信息。这种信息共享有助于双方未来更全面地协作。

（二）提供社会资源和实践平台

《关于进一步加强和改进未成年人校外活动场所建设和管理工作的意见》中将公益性未成年人校外活动场所定位为与学校教育相互联系、相互补充、促进青少年全面发展的实践课堂，服务、凝聚、教育广大未成年人的活动平台。为学生成长提供实践资源和活动平台是公益性校外教育的特色、使命，也是青少年儿童全面发展不可或缺的因素。

从学生发展角度看,学生习得的知识与技能需要应用到社会实践和服务当中,在这个过程中不仅能发现所学知识与技能的价值,还能够认识到自己的价值,体会到快乐和自信,这也是校外教育实践育人的方式之一。

社会为本的"三结合"教育模式的特点在于,主要依托社会实践平台和社会资源开展的三结合教育。[1] 公益性校外教育机构提供的平台和资源优势解答了开展协同育人工作的条件性和保障性的问题,即要实现面向家庭、学校和社会全体实践主体都承担教育责任,需要提供或创造的条件,以及在激发承担教育责任的教育动力的同时,既各尽其责,又能相互依托、共生共长的条件。因此,社会资源和平台优势在这里充当了协同育人在动力机制和行动机制之间的纽带,起到了承上启下的作用。

二、共同组织与管理

在这一层面,公益性校外教育机构与家庭开始共同参与到孩子的教育和日常教育教学管理中来。双方就孩子的课程选择、活动安排等问题进行沟通、协商、组织,并共同为孩子的成长提供资源。

(一)引导家长全面参与校外教育工作

首先,指导、督促家长配合完成日常照护工作,包括接送、集

---

[1] 杨雄,刘程.关于学校、家庭、社会"三位一体"教育合作的思考[J].社会科学,2013(1):92-101.

训服装整理等。校外教育不同于学校教育，有更多临时性的展演竞赛等活动。这些活动仅靠带队老师难以很好地完成。家长的参与起到了关键作用。

> 特别是艺术类的老师，有些项目要集训，要排练，家长就会配合老师做孩子的组织工作，比方说孩子的服装整理，孩子服装的改大改小，帮着老师订盒饭，等等。(eprel02)

其次，引导家长参与教育教学工作。教育教学是校外教育的主要工作，家长可以成为老师得力的助手。在校外教育中，兴趣小组等活动专业性较高，学生需要在家中反复练习。而家长作为非专业人士，如何与老师配合，促进孩子在专业上的发展就成为一个难题。家长参与能较好地解决这一问题。例如，一些家长可以将教学的全过程录下来，发到家长群里，这样其他家长在家中指导和帮助孩子训练时便有据可依。

再次，鼓励家长提供教育资源。家长利用其自身的资源和职业优势等参与和支持校外教育具有一定的历史传统。例如，从事卫生、政法、公安、消防、环保、质检、体育、科学等工作的家长便可以参与到校外教育科学普及等群众活动中。当前，由于对家庭教育地位认识的持续加强，有越来越多的不同家长根据不同职业、专业背景，更有意识地主动参加少年儿童校外阵地活动的开展。这是保障我国少年儿童校外阵地教育效益的有益经

第四章 公益性校外教育机构、学校与家庭协同育人的行动逻辑演进

验之一。①

最后,引导家长参与管理工作。现代家长对校外教育应该享有知情权、监督权和参与权,尤其是事关子女利益的相关措施、活动等,应广泛征求家长意见,与家长做好沟通。家长委员会一方面可以向公益性校外教育机构反馈家长的意见和建议,另一方面也可以帮助公益性校外教育机构完善管理工作,协调家长与公益性校外教育机构之间的关系。家长委员会建设是公益性校外教育高质量发展和现代化转型中重要的组织结构。

(二)进一步促进校外教育民主化

家长全面而深刻地参与校外教育工作,可以进一步促进校外教育民主化。有学者指出校外教育的民主化包括两个方面的含义:一是校外教育机会的民主化,主要是指广大少年儿童能够享有接受校外教育的权利;二是校外教育内部的民主化,是指在校外教育的活动过程中,广大少年儿童能够接受民主平等的教育,成为真正意义上的学习主体。他们可以根据个人的需要选择学习内容,参与活动的组织和设计,并在校外教育活动过程中,使个人的天赋和潜能得到充分的发挥。② 即广泛的受教育机会和自主的选择和参与。③

---

① 薛国凤,梁明伟.协同的责任:少年儿童校外阵地建设与实践活动[M].上海:上海人民出版社,2020:126.
② 康丽颖.现代校外教育的基本特征[J].教育评论,2001(1):24-26.
③ 中国教育学会少年儿童校外教育专业委员会.现代校外教育论[M].北京:中国少年儿童出版社,2001:15.

"双减"政策的实施与推进、校外教育场所的建设等有利于广大青少年儿童获得更多参与校外教育活动的机会,使他们更充分地享有接受校外教育的权利。然而,实现内部民主化需要校外教育内部的革新。家长全面而深入地参与校外教育工作,特别是家长委员会的组建与运行,是公益性校外教育机构现代化建设的重要路径,也是内部革新的重要举措;有利于公益性校外教育提升质量,更好地兼顾参与校外活动的青少年儿童的差异性、自主性、兴趣性、体验性等,推进校外教育内部民主化。

三、融合知识与理念

在新制度主义者看来,在制度作为客观社会结构获得权威之前,必须通过个体的认知行为赋予其意义。[1] 家长的教育理念在深层次上影响着家庭与公益性校外教育机构的协作。正如访谈中一位公益性校外教育机构管理者所言:"我们觉得家委会只是参与到我们的管理当中,在管理的层面和我们形成一个合力,但是在教育理念的引领方面,我们要利用少年宫这个平台,借助于现有的一些优质的教育资源,给家长一些教育理念的引领。"在家庭与公益性校外教育机构协同育人中,基于实践探索的亲子活动和家庭教育指导服务可以看作家委会建设的进一步深化。

---

[1] MEYER H-D, ROWAN B, The new institutionalism in education, State University of New York,2006:6.

（一）在实践探索中共享共建知识

校外教育特别强调实践育人、活动育人。在实践活动中进行探索是校外教育开展的重要方式。通过实践探索的形式开展亲子活动的动员组织，可以实现校、家、社知识共享、共建，促进各主体共同成长，从而深化协同育人机制。

首先，探究实践活动中的知识打破了学科与学科、学科与生活的壁垒，更容易被家长、学生、教师等多元主体理解和接受，促进知识在家庭生活、学校生活和社会生活中融合与共享。学校课程中的知识一般为公共的、普遍性的学科知识，按照学科逻辑呈现给学生，与家庭生活中的知识形成了相对明晰的边界。与学校课程知识相比，探究实践活动中知识间的融合度更高，与生活间的界限更模糊。"坚持融合取向，帮助儿童在生活场景的转换过程中，将家庭生活、学校生活和社会生活融为一体"[1]正是家、校、社协同育人的重要要求和责任担当。

其次，探究实践活动实现了学生、家长、教师、专家对知识的共同建构。在探究实践活动中，每一个参与构建者都有可能成为一个资源开发者。专家、教师、家长、学生都可能成为知识的建构者。例如"厨余堆肥"项目中，由于厨余垃圾在堆肥过程中温度达不到要求，家长、学生、组织者、专家都为解决问题贡献了自己的知识和力量，共同探究、解决问题，生成新的知识。探究

---

[1] 康丽颖.家校共育：相同的责任与一致的行动[J].中国教育学刊，2019(11)：45-49.

实践活动中知识的开发既有自上而下的设计,同时也有自下而上的生成。家长、学生和教师都能融入自己的知识和资源。不仅精英的知识可以进入校外场域,任何家庭的、个体的、缄默的、本土的知识和声音在这里都具有合法性。①

最后,探究实践活动及其相关活动促进了参与构建主体的共同成长,实现了共赢。在参与构建探究活动和相关后续活动中,多方主体积累了经验、塑造了品质、提升了能力。活动的结果并不是最重要的,在过程中,学生拓宽了国际视野,提升了解决问题的能力,教师积累了促进专业成长的素材和经验,家庭获得了营造探究氛围和建立良好亲子关系的机会,这些都是协同育人开展的重要条件。

(二) 在微观互动中促进家长身份认同

在家庭教育指导服务中,每一位家长都期待汲取"有用的"知识,可以解决当下的家庭教育问题。但家庭教育面临着复杂的教育情境、儿童身心发展的变化以及层出不穷的问题。如何使家长在指导服务中有效成长,是一个重要的问题。家庭教育指导服务应该发生在真实而具体的教育情境中,应该是指导者与家长之间的有效互动。这种互动源于指导者和家长的共同聚集,以提高家庭教育素养、解决家庭教育问题、促进孩子健康发展等为共同关注的焦点,通过情感共鸣与积极的行动反馈,最终

---

① 王海平.推进家庭教育指导服务优质均衡发展:基于公立校外教育机构的探索[J].中国教育学刊,2021(9):33-37.

促进积极的家长群体身份认同与角色构建。

首先,家庭教育指导服务中的互动形成了较强的情感能量。在互动仪式链理论中,情感能量是能将社会结合在一起的重要因素,它是促进家长群体团结的"黏合剂"。在家长工作坊案例中,设置了很多体验式、参与性的活动,家长们在这些活动中往往被唤起较高的情感能量。其中一个重要的表现就是在很多活动中家长默默流泪。另一个表现是家长表达了积极、持续参与的愿望。

其次,家庭教育指导服务中的互动促进了参与家长的群体团结。柯林斯认为高度团结的特征包括相互拥抱、亲密地聊天或活泼愉快地讨论等。[①] 这些特征在案例中都充分地表现出来。在家长工作坊案例中,初期家长们在老师来之前,一般都各自坐在教室的不同位置,彼此间隔了三个四座位,家长之间一般也不主动说话,大部分家长在看手机。伴随着活动的深入,家长们走进教室后会主动开始聊天。很多家长能够准确记住对方的名字、孩子的基本情况。同时,伴随着家长工作坊活动的深入,暖身活动越来越丰富,不仅有拍手、拍肩膀,而且包括了进一步的拥抱,家长都能够接受,不仅能和同性拥抱,也能主动和异性拥抱。在最后一次活动开始前,大家不仅主动深深地拥抱,而且与以前相比,这次拥抱时间更长,抱得更紧密,大家还会相互拍背鼓励。从主动聊天到亲密拥抱、拍背,家长群体间的亲密感有

---

① 兰德尔·柯林斯.互动仪式链[M].林聚仕,王鹏,宋丽君,译.北京:商务印书馆,2009:92,112.

明显增加,群体团结逐步建立。

最后,家庭教育指导服务中的互动初步建构了积极的家长群体符号。柯林斯认为,情感连带、集体兴奋等是短暂的,短期情感向长期情感转换需要符号。符号的作用是在未来的情境中影响群体的互动以及个人的认同性。[1] 通过体验与学习,大部分家长不仅能理解积极的亲子互动方法,如注重观察孩子外显与内隐行为的变化、认识到沟通不仅在于语言、控制负面情绪等,大部分家长还能够形成积极的自我定位和反思。例如,在观看一些视频时,家长能够迅速地找到与自己相对应的角色。再如,家长能即时觉察和反思自己的角色。

> 一些家长分享了自己学习后的改变:
> 这周孩子放学回家,忘了带学具袋子。如果是以前,我可能会生气发脾气,这次,我就想,之前也没忘记带过,第一次应该原谅他。我就和他立即回学校拿了袋子。孩子自己也知道错了,他那天做作业表现很好。
> 以前我给孩子辅导作业时,比较急,总问他,你会了没有?孩子说我会了,但我也知道,他那是怕我,其实他并没有听明白。现在我的态度好了,他也敢说了,我也就换简洁的语言,又给他讲了一遍。(参与式观察记录)

---

[1] 柯林斯.互动仪式链[M].林聚任,王鹏,宋丽君,译.北京:商务印书馆,2009:128.

家长群体符号的形成为未来的互动奠定了基础。未来互动可能成为一个更加开放而具有吸引力的空间。每一个参与的家长都有可能成为一个资源开发者，分享自己更多改变和成功的经历。互动也会吸引着更多更为异质的群体的参与，彼此成为互动中的参考者、支持者、新焦点的关注者，积极情感的输出与共享者。

第五章

公益性校外教育机构、学校与家庭协同育人的制度构建路径

公益性校外教育机构经过70余年的发展,初步形成了覆盖全国的网络体系,将校内外衔接、家庭参与、社区志愿服务等紧密结合,加强了全社会参与青少年教育的合力。在政策话语变迁、组织规范变革、行动逻辑演进等方面,公益性校外教育机构与学校协同育人、公益性校外教育机构与家庭协同育人形成了一定的特征,积累了一定的经验。但在新时期,公益性校外教育机构、学校与家庭协同育人制度建构也面临挑战。需要构建"公益性校外教育机构—学校—家庭"协同育人制度的关键机制,并提供相应支持策略。

第一节 公益性校外教育机构、学校与家庭协同育人制度演进的基本经验

梳理公益性校外教育机构、学校、家庭协同育人机制建设的演进,可以在一定程度上构建理解公益性校外教育机构、学校、家庭协同育人机制的坐标系。在此基础上,进一步考察和梳理协同育人机制演进的经验,为教育强国建设背景下协同育人机制建构提供理论基础和实践指向。

一、协同育人机制构建的动力源自强制性变迁与诱致性变迁相统一

从动力的角度来看,公益性校外教育机构、学校、家庭协同

育人机制构建在强制性变迁与诱致性变迁交替作用的逻辑中演进,强制性和诱致性作为变迁的促进力量,构成了协同育人机制建构的演化动力。

一方面,协同育人机制是政策的推动与引导。在公益性校外教育机构与学校协同发展中,21世纪以来,伴随着校外教育场馆规模的扩大和学校教育改革的推进,校内外教育的衔接与合作一直以来为政策所推动。例如,2006年中办、国办印发的《关于进一步加强和改进未成年人校外活动场所建设和管理工作的意见》,首次明确提出"积极促进校外活动与学校教育的有效衔接",要求校外教育机构开发与学校课程相衔接的活动;学校将学生参与校外活动列入学校教育计划;行政部门要整合教育资源,并将参与校外教育活动纳入评价体系当中。再如,2021年"双减"政策进一步指出,发挥好少年宫、青少年活动中心等校外活动场所在课后服务中的作用。同时,政策在参与校内外课后服务的教师的经费补助方面提出了指导意见,并要求教师参加课后服务的表现应作为职称评聘、表彰奖励和绩效工资分配的重要参考。在公益性校外教育机构与家庭协同发展中,伴随家庭教育工作的推进,国家颁布了一系列推进公益性校外教育机构与家庭协同育人的相关政策。例如,在《关于指导推进家庭教育的五年规划(2016—2020年)》中已明确指出:依托儿童之家、青少年宫、儿童活动中心等,普遍建立家长学校或家庭教育指导服务站点。

另一方面,学校、公益性校外教育机构基于互惠或自身发展需要,自发开展协同育人工作。在校内外教育协同方面,学校拥有稳定的生源和较为完善的教育管理体系,而公益性校外机构则拥有丰富的实物资源、专业师资和特色课程。通过协同育人,双方可以充分整合各自的优势资源,实现互惠。首先,公益性校外教育机构能提供专业师资和课程,减少学校课后服务供给压力,促进学校特色发展。例如,在艺术、科技等方面,校外场馆的教师通常更为专业,而且学校教师的学科教学任务较重,无暇进一步开展课后服务。因此,校内外协作还可以帮助学校实现"一校一品"特色建设。其次,学校可为公益性校外教育机构提供稳定的生源和改革着力的平台,促进公益性校外教育机构高质量发展。公益性校外教育机构普遍面向社会招生,生源不稳定、水平参差不齐,质量难以控制。借助参与学校课后服务,通过学校整体规划、组织和选拔,能将优秀生源"吸收"到校外教育机构中,加入周末和节假日开展的校外活动,从而提升生源质量与稳定性。此外,公益性校外教育机构在转型中,通过开展家庭教育指导服务等拓展自身教育职能和发展领域。例如,20世纪90年代,江苏省妇女儿童活动中心在对社会开放之后,决定利用家长等候孩子的时间,开设家长学校,不仅帮助家庭营造了良好的氛围,还拓宽了少年宫的教育领域。[1] 当前,少年宫等专门的校外教育单位逐渐转变为"以指导、实施、管理、研究、服务为主的综合型"机构。如何发挥综合型机构职能,成为校外教育机构改革的重点。公益性校外教育机构与学校、家庭开展协同育人活动成为助力其综合改革、走内涵式发展的契机。

---

[1] 许德馨,张成明,穆向群.少年宫教育史[M],海南出版社,2000:226.

二、协同育人机制构建的持续需要组织影响与文化认同相协调

从持续性保障看,公益性校外教育机构、学校、家庭协同育人机制演进是一个制度化的历史过程。协同育人机制构建的持续发展,需要组织影响与文化认同相互协调、共同保障。

一方面,通过个人关系虽然可以开展校内外教育的协同合作,但因受个人能力、经历等影响较大,不易长效和深入。校内外教育合作往往始于双方互惠基础上的个人关系。校内外组织者之间建立的个人关系对于合作有着至关重要的影响,成为公益性校外教育机构支持学校课后服务实践重要的基础。但基于个人关系的校内外合作难以大规模、持续化开展,需要制度化的组织加以保障。例如,通过政策驱动、项目联盟等对校内外教育组织结构、职责分工、经费渠道、实施计划、评价指标等进行详细的规定。与基于个体联系的合作相比,组织化合作更为稳定和全面。例如,在人员方面,组织化合作中公益性校外教育机构可以依据学校需求安排相关教师,并由专业人员负责调配。在资料供给方面,组织化合作方可自行发放、管理,学校只需依照品类、数量等申报经费。在学生管理方面,组织化合作方会跟进解决学生纪律问题、家校沟通问题等。上述服务是个体化合作难以提供的。

另一方面,更持久的协同需要校内外教师、管理者、家长等对协同育人的"合法性"认知,即对"理所当然的分内之责"的认知与维护。在公益性校外教育机构与学校、家庭的协同实践中,

最终均指向文化认同的内在逻辑。在进一步协作中,公益性校外教育机构和学校走向了品牌化和文化传播层面,具有了文化符号认同的意涵,成为一种可持续的、有效的合作形态。在公益性校外教育机构与家庭的协同实践中,形成校外教育机构、家庭和学校融合知识与理念的内在逻辑。为了进一步引导家长与校外教育机构的合作,以家庭教育指导服务的形式促进家长群体身份认同成为公益性校外教育机构开展协作的重要路径。

第二节 公益性校外教育机构、学校与家庭协同育人制度构建面临的主要挑战

一、政策上对公益性校外教育机构规定不足

关于公益性校外教育机构与家庭、学校合作的议题在政策中主要体现为宏观指导。政策大多从家、校、社结合的角度宏观指出公益性校外教育机构与家庭、学校合作的重要意义。一些政策在提及三教结合的同时,指出了公益性校外活动场所开展亲子活动的要求;从家、校、社协同育人出发,提出了公益性校外教育机构家庭教育指导服务职能和任务,并在《家庭教育促进法》的助推下走向了法治化。在提及校内外教育有效衔接中提出了对教育行政部门、学校和公益性校外教育机构相对具体的

要求。

但是，上述政策对公益性校外教育机构规定存在不足。一方面，上述政策主要强调了公益性校外教育机构与学校、公益性校外教育机构与家庭之间两两协同育人，但对公益性校外教育机构、家庭和学校三者协同育人的明确规范和要求不足。另一方面，上述政策主要出自家庭教育领域的政策和法律，而国家层面的专门校外教育的政策规章中主要提及学校教育与校外教育衔接问题，尚缺乏专门针对公益性校外教育机构与家庭、学校协同育人的表述。在地方层面，上海有关校外教育的政策制定可作为借鉴。早在《上海市校外教育三年行动计划（2017—2019年）》中就明确把"注重家校社互联、校内外教育互通、社会资源共享、多元主体共治，构建校内外合力育人共同体"作为基本原则。同时把"家庭教育基地建设项目"作为重点任务。2021年颁布的《关于加强和改进新时代上海未成年人校外教育的意见》将坚持开放协同作为基本原则，强调以体制机制创新推进家、校、社联动和校内外协作，营造良好的教育生态。

二、规范上各组织间整合与协调不够

首先，公益性校外教育机构、学校、家庭在协同育人中资源有限且分散。公益性校外教育机构虽然资源丰富，但面对广泛的学生群体时，资源仍显有限。同时，资源分散在不同机构和活动中，难以形成合力。家庭作为教育的重要一环，其资源和能力也有限，且往往缺乏专业性和系统性。学校虽然拥有系统的教育资源和教育经验，但在校外教育资源整合和利用方面可能存在不足。

其次，公益性校外教育机构、学校、家庭协同育人深度不够。公益性校外教育机构与学校、家庭的两两协同往往停留在表面，缺乏深入的沟通和合作。一方面，在实际推进过程中，配套措施和常态化工作机制不健全是制约协作的重要问题。如课后服务中缺乏相关保险、附加协议，"超额"工作不纳入主流评价体系，课程孵化过程中学校中坚力量流失，家委会建设没有常态化机制等。因此，很多协作都是基于某个项目、课题而开展的，伴随项目、课题等的结束，相关协作往往会终止。另一方面，公益性校外教育专业特色不突出，协同育人的引导性作用未能充分发挥。无论是与家庭还是与学校的协作，充分挖掘和展现校外教育特色是关键所在。公益性校外教育机构与家庭、学校协作的专业特色与校外教师的专业发展水平密切相关。公益性校外教育机构教师以各种兴趣培训类教师为主，他们一般缺乏系统的家庭教育指导方面的训练，以及组织实施家庭教育指导活动的经验和知识。[1] 此外，在公益性校外教育教师中还存在大量兼职教师，在课程建设、家庭教育等方面专业知识与技能不足成为协作的瓶颈。

三、认识上教育整体性与全面性视角缺乏

两两协同往往忽视了教育的整体性，未能从全局出发考虑

---

[1] 任金涛.公办校外教育机构开展家庭教育指导服务的研究[J].教育观察，2021,10(15):40-42,88.

学生的全面发展。学生的成长是一个复杂的过程,需要学校、家庭和社会多方面的共同努力和配合。

一方面,公益性校外教育机构、学校、家庭三方面协同育人理念仍存在不一致的现象。虽然当前协同育人应以少年儿童的健康发展为共同目标,但在具体的实践中,学校管理者、教师、校外教育管理者、家长等在需求和理念上仍存在差距。例如,公益性校外教育教师不完全认可学校课后活动计划的理念和做法,甚至在认识上存在冲突;部分家长不完全认可校外教育机构家庭教育指导服务的责任与理念,不愿意或不积极参与校外教育机构组织的相关活动等。协同育人中各参与主体在理念、认识上的整体一致性仍然不足。

另一方面,在人才竞争背景下,公益性校外教育机构与家庭、学校协作深层逻辑存在异化问题。从公益性校外教育机构与家长、学校协同育人机制的演进过程中可以看出,三者的关系日益密切、深化。公益性校外教育机构与学校的互动中,其关系从活动补充、资源整合到文化共生,实现了从活动到资源再到文化的深化和拓展过程。公益性校外教育机构与家庭的互动中,其关系从围绕儿童课后照护责任的分担与补充,到为家庭提供教育资源与家长支持校外工作的相互补充,再到知识与理念的融合共生,实现从帮助到互助再到共生的关系演变。但是,伴随着市场经济的发展、人才竞争的日益激烈,受文凭在竞争中的优势、家庭作用的增强、教育资源的不均衡等诸多因素影响,教育竞争逐渐从校内转向校外,学校、家庭和公益性校外教育机构之间关系的张力仍然存在。校外教育成为增强子女在学校制度中的资本和竞争力的有效手段。公益性校外教育机构、学校、家庭不完全以青少年儿童健康发展为中心开展互动，而是在一定程度上围绕儿童竞争力提升开展资本投入与资源配置。在学校、公益性校外教育机构、家庭的互动中，彼此间形成了相互裹挟的关系。在竞争力和成果导向的影响下，家长、学校和公益校外教育机构在互动中，有将少年儿童全面发展转化为全才发展的趋势，这忽视了协同育人过程中少年儿童健康成长、家校社各参与主体共同发展的全面性。

第三节 "公益性校外教育机构—学校—家庭"协同育人制度关键机制构建策略

在教育强国建设和高质量教育体系建设背景下，在公益性校外教育机构、学校、家庭已有协作基础和困境上，构建"公益性校外教育机构—学校—家庭"协同育人制度具有重要的理论和实践价值。

本研究尝试构建"公益性校外教育机构—学校—家庭"协同育人制度，并以活动育人为特色的价值引领机制、以利益互补为核心的资源整合机制、以沟通协商为基础的工作协调机制作为关键机制。

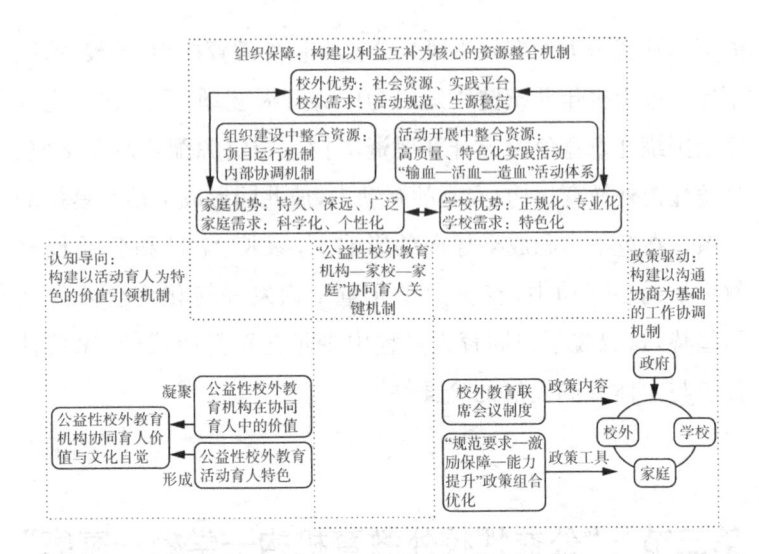

图 5.1 "公益性校外教育机构—学校—家庭"协同育人制度建构的关键机制

一、政策驱动：构建以沟通协商为基础的工作协调机制

（一）在政策内容上进一步突出和完善校外教育联席会议制度

早在 2000 年出台的《关于加强青少年学生活动场所建设和管理工作的通知》中就指出，成立由教育部牵头，中央和国家机关各有关部门、群众团体共同参与的"全国青少年校外教育工作联席会议"，统筹协调和指导全国青少年学生校外教育工作以及青少年学生校外活动场所建设和管理工作。并鼓励地方参照成立相应的协调机构。2006 年发布的《关于进一步加强和改进未成年

人校外活动场所建设和管理工作的意见》进一步明确指出切实发挥"全国青少年校外教育工作联席会议"的统筹协调职能。并具体针对规范化、制度化的议事制度,定期召开会议,制定发展规划,研究相关政策,协调重大问题,组织开展经常性的活动,做好培训和表彰奖励工作等方面提出了要求。2015年全国青少年校外教育工作联席会议发布了《蒲公英行动计划(2015—2017年)》。

联席会议制度在协调教育行政部门、妇联、共青团、文明办、科协等校外教育不同主管部门,以及学校、家庭等方面发挥了非常积极的作用。但此后的若干年中,中央政策中少有提及"全国青少年校外教育工作联席会议"制度,联席会议办公室也少有发文。只有部分地方的校外教育工作联席会在实际运行。例如,上海市在2021年发布的《关于加强和改进新时代上海未成年人校外教育的意见》中明确提出:市、区两级青少年学生校外活动联席会议要发挥好政策研究、活动开展、培训表彰等统筹协调职能。文件还对相关举措的责任单位进行了明确划分,将相应工作分配给有关市校外联成员单位。

因此,在新时代,应以协同育人机制建设为契机,进一步通过政府统筹、政策设计完善落实"全国青少年校外教育工作联席会议"制度。

(二)在政策工具上进一步促进"规范要求—激励保障—能力提升"组合优化

政策工具理论启示我们,应该综合利用多种政策工具,以追求政策效果的最大化。在政策规范要求的基础上,还应加强激励工具、能力建设工具等，相互协调，内外发力，促进公益性校外教育机构、学校、家庭协同育人的行动。

首先，针对公益校外教育机构提出更加明确的协同育人要求。把少年儿童校外教育与学校教育、家庭教育协同育人列入中央层面专门的校外教育政策，将校内外教育有效衔接、支持课后服务，以及开放活动、请家长参与活动过程，个别联系，举办教育讲座、开办家长学校，建立家长委员会[①]等作为公益性校外教育机构的具体要求。在政策设计中，利用权威政策工具，明确了公益性校外教育机构、学校、家庭的性质和任务，提出了相应要求和发展方向。但权威工具在一定程度上忽视了不同机构和组织的差异，以及参与者的积极性和动力。而从实践者角度看，利益互惠等内在驱动力是教育合作的直接动力。

其次，通过政策激励工具，调动政策对象的积极性。制定激励政策时，应充分考虑不同主体和对象的需求。一方面，进一步加强参与协同育人的各主体的经费保障。可以设立专项资金，用于支持"公益性校外教育机构—学校—家庭"协同育人工作。特别是加强校内外教师的经费补助保障，切实给予参与教师物质保障。公益性决定了即使有充分的经费保障也不一定能给学校教师满意的劳动回报，[②]作为"体制内"的公益性校外教育教师也不例外。因此，另一方面要加强参与协同育人的校内外教师职称评定、奖励荣誉、减轻负担等非物质激励配套措施。

---

① 王世明.校外教育学[M].北京：学苑出版社，2002：124-125.
② 杨清溪，邬志辉.义务教育学校课后服务落地难的堵点及其疏通对策[J].教育发展研究，2021(23)：134-136.

最后，通过政策中的能力建设工具，提升政策对象的内在动力。可通过拨款、制度建设、政策倾斜等方式为校内外教师共同培训、教研、家庭教育指导服务等创造机会和平台。通过能力建设，校内外教师能够获得职业的自我价值、提升能力、赢得尊重，成为具有影响力的教育专业人士，这对提升教师参与积极性具有重要意义。[①] 同时，促进家长家庭教育能力提升，充分发挥家长的主观能动性、特长优势和服务社会的意愿等。

二、组织保障：构建以利益互补为核心的资源整合机制

（一）明晰三方优势与需求

学校教育是教育者根据一定社会（或阶级）的要求，有目的、有计划、有组织地对受教育者的身心施加影响，把他们培养成为一定社会（或阶级）所需要的人的活动。[②] 学校教育中的"教育"是狭义层面上的教育概念，以教学为主要特征。所谓教学，一般是指在特定时间、空间和计划内，由教师的教和学生的学所组成的一种正规化、专业化的培养活动。以教学为主的学校教育有两个逻辑起点，即大规模培养符合某种标准的人才和不断提高人才培养的效率。[③] 学校教育有明显的优势，即极强的规范、系

---

① 罗伯特·G.欧文斯,托马斯·C.瓦莱斯基.教育组织行为学：领导力与学校改革[M].吴宗酉,译.上海：华东师范大学出版社,2021：192.
② 张焕庭.教育辞典[M].南京：江苏教育出版社,1989：747.
③ 赵刚,王以仁.中华家庭教育学[M].北京：研究出版社,2016：86-87.

统性和稳定性。如标准化的教室等基础设施,统一的学制、课程标准、班级授课制,严格的管理和评价制度,系统的知识,稳定的生源,等等。但学校教育也有着特色发展的需求,以及相关师资和专业资源储备不足等问题。

家庭教育是指父母或者其他监护人为促进未成年人全面健康成长,对其实施的道德品质、身体素质、生活技能、文化修养、行为习惯等方面的培育、引导和影响。家庭教育的优势可以体现为以亲情为基础、以广阔的生活为内容,对少年儿童有深远和持久的影响。但往往也因为内容过于弥散,而缺乏系统性和科学性。家庭教育需要科学的指导,崇尚科学,并立足于心理学、医学、教育学等知识的发展和进步。但每个家庭都有自己独特的文化,这是家长和孩子共同成长的土壤。在面对育儿科学知识体系的话语建构时,要警惕家庭教育指导内容被专家视角的知识和学科本位的知识主导,导致国家和教育者视角的知识泛滥,从家长角度出发的知识匮乏;[1]也要警惕强势的科学话语抑制、替代甚至否定家长的经验知识,造成民间教育学的边缘化。[2] 因此,当前家庭需要科学和个性化的指导,即家庭教育指导专家与家长经过一段时间的互动、合作、探讨,帮助家长成为自身问题的发现者、探索者和解决者。[3]

---

[1] 李锺珏.教育公民和家长教育学的兴起:家长实质性教育参与的形象重塑与学术策略[J].现代教育论丛,2022(1):5-25.

[2] 余晖.家长专业化进程中的家庭教育指导的价值误区及其澄清[J].南京社会科学,2022(7):145-154.

[3] 钱洁,陈汉民.家庭教育指导:急需个性化和科学化[J].教育科学研究,2018(5):18-20.

校外教育是学校课程以外，对少年儿童开展有目的、有计划、有组织、可选择的旨在促进受教育者身心发展的教育活动。校外教育的优势在于其活动的实践性和资源平台的广阔性。校外教育强调实践活动与直接体验对于少年儿童发展的必要性。校外教育的空间不局限于教室和家庭，而是广阔的社会。儿童在真实的社会情境中直面现实和问题，并基于自身的活动，获得感性认识。它通过组织形式多样的体验活动、制作活动、竞赛活动、展演活动、研学旅行等活动见长。但校外教育的规范化和制度化等尚有不足。例如，条块分割的管理体制不顺、生源不稳定、课程建设不规范等。校外教育需要进一步加强资源的统筹协调、教师队伍专业化建设等。

"公益性校外教育机构—家庭—学校"教育资源整合机制的建构，将尝试在解决家庭教育的不够、学校教育的不足、校外教育的不规范中，实现自身的独特价值。在保持、凸显公益性校外教育、学校教育和家庭教育各自特征的前提下，相互补充、相得益彰。

（二）在组织制度建设中整合教育资源

首先，以优质校外教育项目建设为抓手，在项目建设过程中共建优质校外教育平台，搭建"公益性校外教育机构—学校—家庭"协同育人组织间协调载体和桥梁。"十三五""十四五"期间，北京市教委在全市校外教育领域两次开展"三个一"优质项目建设活动（培育一批创新项目、建设一批特色项目、发展一批精品项目），这是校外教育中首次提出"项目"的概念。校外教育项化，即形成以教育教学活动为核心，以教科研、教师培训、宣传推广、行政管理、后勤保障为支撑的"实践共同体"。[①] 项目制促进了学校、家庭、公益性校外教育机构、社会资源单位等多主体深度参与，统筹各方优质资源，并将其转化为综合资源，供各利益相关者享用。以项目制为抓手，明确学校、公益性校外教育机构、校内外教育教师的工作职责和任务分工，形成合同、方案、行动计划等制度文件，密切配合、相互支持，切实增强育人合力。

其次，推进公益性校外教育机构内部协调机制。一方面，在校外教育机构内部建立相应组织和机制，保障协同育人工作顺利开展所需的资金、人员等。厘清公益性校外教育机构中各部门间在协同育人中的责任、义务与具体分工，以及工作协调准则等。另一方面，进一步加强评估制度建设，将协同育人工作纳入校外教育教师工作量考核，健全约束和激励机制，以推进校外实践活动高质量、特色化发展。

（三）在活动组织与开展中整合教育资源

首先，以高质量、特色化实践活动整合家庭、学校和校外教育资源。真实的探究性学习是整合家庭、课堂、校外教育场馆的一条重要途径。[②] 公益性校外教育机构可借助自身资源整合、实践平台搭建的优势，设计和开展跨领域实践活动。在主题选

[①] 周立奇.格物求是：新时代校外教育机构优质发展研究文集[M].北京：光明日报出版社，2021：5.

[②] 鲍贤清，杨艳艳.课堂、家庭与博物馆学习环境的整合：纽约"城市优势项目"分析与启示[J].全球教育展望，2013，42(1)：62-69.

择上,可选取贴近学生生活、具有时代特色且能融合多学科知识的主题。例如环保、科技创新、文化传承等。在活动设计上,可设计包含理论学习、实践操作、团队合作、成果展示等多个环节的活动,确保活动内容丰富、形式多样。在跨领域实践活动中,邀请学校教师、家长志愿者、校外场馆专家及工作人员、学生等共同参与活动策划与实施,利用各自的专业知识和资源,形成合力。此外,还可以借助数字化技术创设教育场景,开展虚拟探究实践。借助在线学习资源,提供丰富的学习材料、在线课程,支持学生自主学习,促进家、校、社资源共享。开发虚拟现实等数字化实践活动,让学生、家长、教师等在安全的环境中体验和探索。

其次,在活动开展中推进"输血—活血—造血"关联融通体系。参考课后服务资金保障机制"输血—活血—造血"的研究思路,[①]公益性校外教育机构与学校、家庭的协同育人活动应通过校外活动、资源等输入学校、家庭自我孵化、内生发展。

在支持学校教育中,公益性校外教育机构送课入校,甚至推行点"餐"到校是当前主要模式,也是典型模式。但与庞大的学校和学生数量相比,公益性校外教育机构数量明显不足,难以广泛辐射和惠及课后服务。一方面,在课程建设上,校内外应从主题选择、方案设计、成效评估等方面协同研发校本课程、课后服务活动、社团活动,构建"校本课程—课后服务课程—社团活动"

---

① 赵亮,倪娟.何以"收之桑榆":教师参与课后服务的损益补偿[J].教师教育研究,2023,35(3):44-49.

体系。校本课程更加系统化,定位于基础性和普及性,同时又与国家课程相衔接;课后服务课程内容有所侧重,定位于兴趣培养;社团活动则更加专业化,定位于特长提升。三者相互支撑,全方面、立体化提升学校特色发展"自我造血"能力。另一方面,在师资队伍建设上构建校内外教师共同体。教师教育共同体是指由一群关注、研究教师教育并志在做好教师教育的个体或组织,基于一定的行业或专业规范,在充分合作的基础上所形成的密切、稳定、志同道合的团体,是在当前教育变革形式下出现的一种教师教育创新形式。[①] 伴随着教师专业化的日益凸显以及教师教育体系的日益丰富,教师教育合作共同体建设受到越来越多的重视。20世纪70年代以来,美国、英国、澳大利亚等发达国家针对基础教育教师培养、进修中存在的问题,相继开展了教师教育合作共同体的实践和研究。20世纪80年代末,我国也紧跟国际教师教育的形势,开展了不同形式的教师教育合作共同体的实践和研究。校内外教育教师共同教研,形成教育共同体,有助于促进广大校内外教师、教科研人员主动、自觉参与,提高校内外教师专业水平。教师在专业发展中,不仅需要经验的积淀,更需要对实践中发现的问题进行反思,发现规律、寻找方法、创新思路。校内外教育教师通过理论研究、案例研究、行动研究等,以研究引领教学,提高教育教学质量。通过校内外教育教师共同体的教研,不断进行实践反思与理论表达,校外教育

---

① 张增田,彭寿清.论教师教育共同体的三重意蕴[J].教育研究,2012,33(11):93-97.

教师教育教学基础理论更加完善,对校外教育的特点和规律认识更加清晰,校外教育课程化研发与编制能力进一步提升,弥补了校外教育不够规范的不足;同时,学校教师也能具备更加专业的学科知识、利用场馆资源开发课程的能力、利用场馆资源辅助学校课程的能力、在场馆非正式学习环境下指导和支持学生学习的能力、对学生场馆学习进行有效评价的能力等,在一定程度上解决了学校特色发展师资不足、不专业等问题。

在开展亲子活动、家庭教育指导活动中,应确保所提供的教育资源能够被家长理解和接受。应进一步提升校外教育机构提供的资源和平台在家庭中的孵化成效、内生动力和自我造血能力。在开展亲子活动、家庭教育指导服务中,应鼓励小范围、面对面的互动形式。同时,促进家长的深度参与。家长不仅是教育资源的接受方,也是教育资源的提供者,同时,也是教育资源分配不均的"反馈者"和维护自身教育权益的"行动者"。①

三、认知导向:构建以活动育人为特色的价值引领机制

(一)澄清公益性校外教育机构在协同育人中的价值

在理论上澄清公益性校外教育机构在协同育人中的角色和

---

① 石艳,郭静宇.一所新学校的诞生:区域教育治理体系中的家长参与[J].苏州大学学报(教育科学版),2021,9(4):96-106.

身份。从目前的主流话语和现实条件看,学校仍是协同育人的主导者。在育人体系中,学校教育仍然是主渠道、主阵地、主课堂。在协同育人过程中,以学校为主体可以有效发挥学校的组织、牵头、协调作用。[①] 学校因为其在知识传授方面具有正统地位,这使其在家庭教育和社区教育中拥有更多的话语权,掌握着互动的主导权。[②] 但从未来发展的角度来看,家、校、社协同育人机制建设应从学校一元主导模式逐渐发展为多元主体协作模式。

首先,社会协同治理理论认为,当社会发育程度不高时,社会协同治理机制应是政府出于治理需要,通过发挥主导作用,构建制度化的沟通渠道和参与构建平台,加强对社会的支持和培育,并与社会一起,发挥社会在自主治理、参与构建服务、协同管理等方面的作用。在此过程中,随着社会不断成熟,政府与社会之间就可建立基于共同目标进行协商协调并做出决策,继而相互监督、推进目标达成的模式。[③] 因此,在以学校为主导的协同育人机制构建中,当社会教育逐渐专业化、体系化,家长教育素养逐渐提升时,家校社协同育人机制应走向多元主体协作的模式。

其次,基于当代教育发展方向,教育需要经历从"社会教育"走向"全社会教育"的整体转向,从社会性教育走向教育性社会,

---

① 杨雄,刘程. 关于学校、家庭、社会"三位一体"教育合作的思考[J]. 社会科学,2013(1):92-101.

② 翟晓磊,李海鹏. 论学校在"校—家—社"关系中的主导地位:空间、权力和知识视角下学校、家庭和社区关系研究[J]. 中国教育学刊,2020(11):49-53.

③ 郁建兴,任泽涛. 当代中国社会建设中的协同治理:一个分析框架[J]. 学术月刊,2012(8):23-31.

从全人教育走向全社会教育。① 经济合作与发展组织于2015年启动了"未来的教育技能2030"项目（The Future of Education and Skills 2030 Project），提出了该项目的首个成果《OECD学习框架2030》（OECD Learning Framework 2030），试图回答学习者在未来的世界中面临生存与发展应具备什么样的知识、技能、态度与价值观等问题。在此基础上，OECD于2019年发布了《OECD学习罗盘2030》（OECD Learning Compass 2030）。② 以罗盘作比喻，是为了强调学生需要学会自己在陌生的环境中导航，以一种有意义和负责任的方式找到方向。③ 罗盘的右侧是2030共同的愿景，即幸福生活的实现。罗盘的核心是作为能力的指针，在实现愿景和目标中起着关键作用。这里的能力是知识、技能、态度、价值观的综合运用。而要获得和运用这些能力，则离不开罗盘右侧的支持条件，即学生能动性以及同伴、教师、父母、社区的合作。学习罗盘不仅在原有学习框架基础上提出新的关键能力，同时，将学生学习与发展的研究从点到面，扩展至同伴、教师、父母、社区等多个社会支持体系，致力于构建新的学习生态系统。④ 终身学习生态系统反映

---

① 李政涛. 当代教育发展的"全社会教育"路向[J]. 教育研究，2020，41(6)：4-13.
② OECD. OECD Learning Compass 2030[EB/OL]. (2019). https://eduwx. nju. edu. cn/_upload/article/files/50/65/37a5532945a580900d93500835ac/16e3bf0a-eacf-4fab-b3fc-c70bb5e50965. pdf.
③ 施芳婷，陈雨萌，邓莉. 从原则指导到能力导向：UNESCO与OECD面向2030年的教育蓝图比较[J]. 世界教育信息，2020，33(12)：8-17，46.
④ 臧玲玲. 构建新的学习生态系统：OECD学习框架2030述评与反思[J]. 比较教育研究，2020，42(1)：11-18，32.

了一种变革：从关注时间、标准化的、以学校教育为主的学习，转向跨越不同时空的连续学习，涉及广泛的参与者，并服务于广泛的目的。[①] 学习生态系统是一个整合时空的复杂体系，将终身学习作为联结和融通个体生命历程的统一体，基于数据驱动，横跨各类学习场域、媒介，聚焦于自主学习、共同学习和互相学习。[②] 学习生态系统的构建除了强调不同学习时空的衔接，更加强调终身学习文化的渗透，即渗透到正规教育、非正规教育、非正式教育之中。"让社会中的每个角落、每个褶皱、每个血管、每个细胞都散发教育的气息，拥有教育的力量。"[③]全社会教育实际上是教育与社会关系的重构，从单向地强调教育的责任，转变为双向互动地突出全社会、社会其他各系统清醒意识并承担起做好教育的社会责任。[④] 社会每一重空间都蕴含教育的力量和元素。这意味着教育实践不是发生在学校等传统教育场域中的教育实践，而是生发于所有人类实践主体中的"全社会教育实践"。因此，应重新审视学校家庭社会协同育人机制中各主体的角色、地位与作用，以及由此而带来的机制运转特征和未来发展方向。"校外教育允许成年人与儿童建立深度的关系，它能邀请

[①] UNESCO. Lifelong learning opportunities for all: Medium-term strategy 2022—2029[EB/OL]. (2022). https://www.uil.unesco.org/en/unesco-institute.

[②] 李文淑,李凯. 实现人人享有终身学习机会：方向、框架与行动路径——UIL《2022—2029年中期战略》之解析[J]. 远程教育杂志,2022,40(5):31-39.

[③] 李政涛. 当代教育发展的"全社会教育"路向[J]. 教育研究,2020,41(6):4-13.

[④] 叶澜. 社会教育力：概念、现状与未来指向[J]. 课程·教材·教法,2016,36(10):3-10,57.

家庭和社区共同参与到构建活动中来,并且有能力与学校保持联系;因此,校外教育作为连接儿童复杂环境的中心环境,具有潜在的功能。"[1]终身学习文化渗透期待促进学校、非正规教育机构、公共空间等延伸和综合化转变,公益性校外教育机构也在其中。当终身学习文化浸润公益性校外教育机构后,应形成集终身学习理念、资源、制度等一体化的全面的公共供给体。公益性校外教育机构具有连接青少年家庭、学校、社会三重成长空间的潜力,能够有效促进协同育人机制从学校一元主导发展为多主体协作的教育工作模式。

(二)明晰公益性校外教育活动育人特色

公益性校外教育以活动为载体。西方学者曾对"after school programs""outside school time""extracurricular activities"等概念进行分析,指出应以"organized activities"为特征,强调结构性、引导性、规范性等。[2] 可见,有组织的活动可以视为校外教育的本质属性,活动是校外教育的重要载体。在校外教育中,常常以兴趣小组、群众活动、竞赛、演出、俱乐部等形式开展教育教学活动。

当然,活动只是载体,其目的是育人。公益性校外教育的育

---

[1] NOAM G G,BIANCAROSA G,DECHAUSAY N. Afterschool education: approaches to an emerging field[M]. Cambridge: Harvard Education Press,2003: 11-26.

[2] MAHONEY J L, et al. Organized Activities as Contexts of Development Extracurricular Activities,After-School and Community Programs[M]. New Jersey London: Awrence Erlbaum Associates,2005:19.

人既不同于学校,也不同于市场化的培训机构。与学校教育相比,公益性校外教育更重视学生的个性发展。学校教育可以实现"让每个孩子都一样"的目标,其他教育做不到;而校外教育可以实现让"每个孩子都不一样"的目标,其他教育也做不到。学校教育是基础性、普及性教育,校外教育是自主性、个性化的教育。学校教育提供的普遍的基础性认知是学生接受其他教育的主要和重要前提条件。① 校外教育没有统一的课程标准、教学大纲,也没有统一教材。校外教育的教师每个人都有各自不同的风格、教学进度、教学方式,促进了相对个性化的教育方式。与市场化的培训机构相比,公益性校外教育更重视学生品质的培育。少年宫等公益性校外教育机构被誉为"孩子梦想起飞的地方",其主要目的在于培养兴趣、树立自信、锤炼意志等,并把这些品质作为孩子未来发展的起点。公益性校外教育机构项目设置、教学目标设定等,一般不以科技、体育、艺术等表面成绩为依据,不以考级、获奖等为直接目标,而更多的是通过活动促进学生各方面素养提高。

(三) 以活动育人特色凝聚协同育人价值

在实践中,公益性校外教育机构要承担协同育人主体责任,萃取与聚合活动育人价值,不断凝聚共识。公益性校外教育机构要主动承担协同育人的主体责任,突破传统功能定位,拓展教

---

① 郜云雁,刘继源.黄建明访谈:推动校外教育向着更高的目标发展[EB/OL].[2014-07-21][2024-04-13].[http://www.jyb.cn/china/gnxw/201407/t20140721_591198.html.

育职能,这是校外教育未来发展的契机。在学校家庭社会协同育人机制建设、"双减"政策、《家庭教育促进法》等推进的背景下,公益性校外教育机构参与构建组织协同育人机制建设的价值日益凸显。面向未来的校外教育应构建校内外融合的新学习生态系统,为实现学生、教师、家长的终身学习奠定基础。[①]

首先,公益性校外教育机构要不断萃取与聚合活动中的育人价值。面对校外教育高质量发展的压力和需求,家庭对多样化、个性化校外教育的需求,以及平衡课内外学业压力等的现实诉求,公益性校外教育机构可以不断萃取和聚合活动中锤炼青少年品格、素养和能力等元素,并与志愿服务经历、国际人文交流等价值聚合,促进家庭和学校之间共同意识的形成。进一步提升校外活动的体验性,吸引更多学校、家庭参与是完善协同育人制度的必由之路。一些实践者通过功能、资源、内容等整合的工作模式,借助校外教学渗透、活动引导、集体养成等具体途径,开展了校外教育阵地的家庭教育指导服务,[②③]取得了较好的成效,可资借鉴。

其次,公益性校外教育机构应充分利用社会资源和实践平台优势,激发行动。共同意识不会轻易地、自动地转化为集体行动,需要组织者开展复杂而艰辛的动员。利用培养青少年科技

---

① 刘华.中小学校外教育育人理念与实践探索:上海市中小学校外教育德育研究实训基地研究成果汇编[M].上海:上海交通大学出版社,2021:5-6.
② 沈梅.发挥校外教育优势实现校外教育和家庭教育的融合[C].全国妇联儿童工作部等.改革开放与家庭教育论坛文集,2008:148-155.
③ 李玉贞.积极探索家庭教育与校外教育相结合的新型工作模式[C].全国妇联儿童工作部等.改革开放与家庭教育论坛文集,2008:163-169.

创新、弘扬中华优秀传统文化、搭建世界青少年交流互鉴平台等社会资源与实践平台优势,与相关社会文化机构、志愿服务机构、学校等合作,有效激发学校和家庭的参与。在问题情境和探索过程中构建家、校、社合作伙伴,完善教育资源整合链条。通过创设真实的问题情境、优化实践探索过程,公益性校外教育机构、学校、家庭乃至社会,在围绕少年儿童健康成长上,从个体努力提升为伙伴探索。一方面,真实的问题情境进一步使公益性校外教育机构、学校、家庭之间的合作有的放矢,合作主体间的共性与差异构成了共同体建设的动力与基础。[1] 从总体上讲,协同的目标在于育人和各参与主体的发展。但在实践中,如何将宏观的目标化为可操作的具体的目标是关键环节。在校外活动中创设真实的问题情境和探索过程,可以促进家庭、学校、社会中不同主体发挥各自的差异化优势,帮助少年儿童解决具体问题。在解决具体实践问题时,校外教育机构与学校组织性质的差异,社会成员与家庭成员专业背景与经历的差异等成为协同育人的重要资源,他们相互借鉴、相得益彰、共同成长。另一方面,实践探索过程进一步增强了公益性校外教育机构、学校、家庭之间的合作的开放性与生成性。开放性与生成性是打破家庭、学校、社会在各自领域内孤军奋战局面的重要渠道。实践探索中围绕少年儿童遇到的困难,大家开放交流、集体研讨、试验反思、贡献力量,在过程中产生新的想法、新的体验、新的知识

---

[1] 张景斌,蔡春.教师教育中的合作共同体建设[J].教育科学研究,2012(1):24-27.

等,使封闭的个体努力转变为开放的集体协作,在共建、共享、共赢中创建协同育人的新模式。

(四) 形成协同育人的文化自觉

费孝通说:"文化自觉,意思是生活在既定文化中的人对其文化有'自知之明',明白它的来历、形成的过程、所具有的特色和它发展的趋向。"借此意涵,"公益性校外教育机构—学校—家庭"协同育人可引申为主体对协同育人形成共同理念和文化,并能够对这一理念和文化实现自我觉醒,自我反省,自我创建。

一方面,充分挖掘区域文化资源优势,为协同育人内容赋能。借助名师工作室、特色项目工作室、特级教师工作室等的带头作用,形成区域覆盖校内外教育、亲子活动、家庭教育指导等的品牌,并形成校内外教育管理者、教师、家长、学生等利益相关者文化认同。最终促进"公益性校外教育机构—学校—家庭"协同育人从初始阶段依赖个人关系与影响力来维系跨领域的活动,进而发展到中期利用组织的力量与影响来稳固这种跨界行为,直至达到文化上的广泛共识与认同的高级阶段。

另一方面,在协同育人中要特别关注家庭的需求。在对家长角色认识深化的过程中,家长的需求还要被进一步关注和回应。制度化是新的组织结构、规定和行动被赋予没有异议的意义和价值的过程。[1] 普遍认同起着重要的作用。协同育人制度

---

[1] 吴重涵,王梅雾,张俊.教育跨界行动的制度化特征:对家校合作的经验分析[J].教育研究,2017,38(11):81-90.

建构中，家长需要的有效回应是家长认同的关键。公益性校外教育应发挥自身实践育人、地域资源、师资储备等优势，积极回应家长的需求，努力支持引领学校特色发展，提高各类校外活动和亲子活动质量，在更深层次上形成合作与协同，实现更高层次的合作和制度化发展。

参考文献

一、中文参考文献

[1] 乔伊丝·L.爱泼斯坦,等.大教育:学校、家庭与社区合作体系[M]. 3版.曹骏骥,译.哈尔滨:黑龙江教育出版社,2016.

[2] 安东尼·古登斯.现代性的后果[M].田禾,译.南京:译林出版社,2011.

[3] 安妮特·拉鲁.家庭优势:社会阶层与家长参与[M].吴重涵,熊苏春,张俊,译.南昌:江西教育出版社,2014.

[4] 沃尔特·W.鲍威尔,保罗·J.迪马吉奥.组织分析的新制度主义[M].姚伟,译.上海:上海人民出版社,2008.

[5] 布尔迪厄.文化资本与社会炼金术:布尔迪厄访谈录[M].包亚明,译.上海:上海人民出版社,1997.

[6] 蔡颖,周放,韩静.校内外教育有效衔接的策略与实施[M].武汉:武汉大学出版社,2013.

[7] 陈振明.政策科学:公共政策分析导论[M].2版.北京:中国人民大学出版社,2003.

[8] 陈白桦.流动少年宫:校外教育的流动与均衡发展[M].上海:同济大学出版社,2015.

[9] 陈映芳.城市治理研究:第3卷[M].上海:上海交通大学出版

社,2018.

[10] 戴维·哈维.后现代的状况:对文化变迁之缘起的探究[M].阎嘉,译.北京:商务印书馆,2003.

[11] 菲力浦·库姆斯.世界教育危机:80年代的观点[M].赵宝恒,李环,等译.北京:人民教育出版社,1990.

[12] 谷丽萍,吴鲁平.中国青少年校外教育政策内容分析与绩效评估[M].北京:中国少年儿童出版社,2005.

[13] 洪明.合育论:学校家庭社会合作共育的理论与实践[M].合肥:安徽教育出版社,2016.

[14] 凯洛夫.教育学[M].沈颖,等译.人民教育出版社,1953.

[15] 柯林斯.互动仪式链[M].林聚任,王鹏,宋丽君,译.北京:商务印书馆,2009.

[16] 米歇尔·克罗齐耶,埃哈尔·费埃德伯格.行动者与系统:集体行动的政治学[M].张月,等译.上海:格致出版社,2017.

[17] 劳凯声.中国教育改革30年:政策与法律卷[M].北京:北京师范大学出版社,2009.

[18] 李春秋.中国小学教学百科全书:品德卷[M].沈阳:沈阳出版社,1993.

[19] 李家成,林进材.学习型社会建设背景下的寒假学习共生体研究[M].上海:上海交通大学出版社,2019.

[20] 李岚清.李岚清教育访谈录[M].北京:人民教育出版社,2003.

[21] 理查德·斯科特.制度与组织:思想观念与物质利益[M].姚伟,王黎芳,译.北京:中国人民大学出版社,2010.

[22] 联合国教科文组织.反思教育:向"全球共同利益"的理念转变?[M].联合国教科文组织总部中文科,译.北京:教育科学出版社,2017.

[23] 刘华.中小学校外教育育人理念与实践探索:上海市中小学校外教

育德育研究实训基地研究成果汇编[M].上海:上海交通大学出版社,2021.
[24] 罗伯特·G.欧文斯,托马斯·C.瓦莱斯基.教育组织行为学:领导力与学校改革[M].吴宗西,译.上海:华东师范大学出版社,2021.
[25] 道格拉斯·C.诺思.制度、制度变迁与经济绩效[M].杭行,译.上海:格致出版社;上海人民出版社,2008.
[26] 瞿葆奎.教育学文集·课外校外活动:第11卷[M].北京:人民教育出版社,1991.
[27] 沈明德.校外教育学[M].北京:学苑出版社,1989.
[28] 斯科特.制度与组织:思想观念与物质利益[M].3版.姚伟,王黎芳,译.北京:中国人民大学出版社,2010.
[29] 斯蒂分·J.鲍尔.教育改革:批判和后结构主义的视角[M].侯定凯,译.上海:华东师范大学出版社,2002.
[30] 苏昌培.特色论[M].北京:社会科学文献出版社,1993.
[31] 王世明.校外教育学[M].北京:学苑出版社,2002.
[32] 王燕华.高校科研协同创新的制度研究[M].北京:中国社会科学出版社,2020.
[33] 吴重涵,王梅雾,张俊.家校合作:理论、经验与行动[M].南昌:江西教育出版社,2013.
[34] 夏鹏翔.日本战后社会教育政策[M].北京:社会科学文献出版社,2008.
[35] 谢维和.教育活动的社会学分析:一种教育社会学的研究[M].北京:教育科学出版社,2000.
[36] 许德馨,张成明,穆向群.少年宫教育史[M].海口:海南出版社,2000.
[37] 薛国凤,梁明伟.协同的责任:少年儿童校外阵地建设与实践活动[M].

上海:上海人民出版社,2020.
[38] 杨善华,谢立中.西方社会学理论[M].北京:北京大学出版社,2006.
[39] 张焕庭.教育辞典[M].南京:江苏教育出版社,1989.
[40] 张良驯.青少年社会教育学[M].北京:人民教育出版社,2017.
[41] 张印成.课外校外教育学[M].北京师范大学出版社,1997.
[42] 赵刚,王以仁.中华家庭教育学[M].北京:研究出版社,2016.
[43] 赵刚.家长教育学[M].2版.北京:教育科学出版社,2022.
[44] 郑奕.博物馆与中小学教育结合:制度设计研究[M].上海:复旦大学出版社,2020.
[45] 中国教育学会少年儿童校外教育专业委员会.现代校外教育论[M].北京:中国少年儿童出版社,2001.
[46] 中国社会科学院语言研究所词典编辑室.现代汉语词典[M].5版.北京:商务印书馆,2005.
[47] 周立奇.格物求是:新时代校外教育机构优质发展研究文集[M].北京:光明日报出版社,2021.
[48] 周雪光.组织社会学十讲[M].北京:社会科学文献出版社,2003.
[49] 边玉芳,周欣然.我国70年家校合作:政策视角下的发展历程与未来展望[J].中国教育学刊,2021(3):1-6.
[50] 边玉芳.传统"家事"上升为新时代的重要"国事":"双减"背景下全社会如何支持家长为促进儿童健康成长而教[J].人民教育,2021(22):26-30.
[51] 曾晓洁,司荫贞.北京与东京校外教育的比较研究[J].比较教育研究,2002(11):55-59.
[52] 陈岚,陈敬.青少年宫师资问题及解决路径探析[J].青少年研究与实践,2018,33(2):96-101.

[53] 陈映芳. 国家与家庭、个人: 城市中国的家庭制度(1940—1979)[J]. 交大法学, 2010, 1(1): 145-168.

[54] 褚宏启. 学校特色建设要谨防"剑走偏锋"[J]. 中小学管理, 2017(5): 61.

[55] 崔允漷. 新课程"新"在何处?: 解读《基础教育课程改革纲要(试行)》[J]. 教育发展研究, 2001, 21(9): 5-10.

[56] 翟晓磊, 李海鹏. 论学校在"校—家—社"关系中的主导地位: 空间、权力和知识视角下学校、家庭和社区关系研究[J]. 中国教育学刊, 2020(11): 49-53.

[57] 高德胜. "家长执照"与家长教育问题审思[J]. 山西大学学报(哲学社会科学版), 2022, 45(1): 94-101.

[58] 韩立冬. 日本的塾校合作及其启示[J]. 教学与管理, 2019(31): 80-82.

[59] 韩雯. 社区教育特色课程孵化的实践研究: 以上海市徐汇区社区教育特色课程孵化为例[J]. 成人教育, 2018, 38(10): 34-38.

[60] 洪明. 什么是家长教育?: 家长教育的内涵辨析[J]. 教育科学研究, 2017(9): 72-75.

[61] 侯怀银, 雷月荣. "校外教育"解析[J]. 教育科学研究, 2017(5): 27-31.

[62] 黄河清, 吴怡然, 彭芸. 家校合作中的家长教育方式[J]. 教育学术月刊, 2011(11): 65-67.

[63] 江浩. 校外小队之家[J]. 江苏教育, 1962(11).

[64] 金宗美. 苏联普通学校的课余和校外教育系统[J]. 苏联问题参考资料, 1986(1): 48-53.

[65] 金宗美. 苏联青少年校外教育的几种措施[J]. 苏联问题参考资料, 1981(4): 12-14.

[66] 靳娟娟,俞国良.教师心理健康问题与调适:角色理论视角的考量[J].教师教育研究,2021,33(6):45-51.

[67] 康丽颖,任纪远.在扩张与融合中寻找校外教育发展之路[J].中国教育学刊,2018(2):1-6.

[68] 康丽颖.家校共育:相同的责任与一致的行动[J].中国教育学刊,2019(11):45-49.

[69] 康丽颖.促进儿童成长:课后服务多元主体协同育人探讨[J].中国教育学刊,2020(3):22-26.

[70] 康丽颖.现代校外教育的基本特征[J].教育评论,2001(1):24-26.

[71] 康丽颖.校外教育的概念和理念[J].河北师范大学学报(教育科学版),2002,4(3):24-27.

[72] 劳凯声.社会转型与教育的重新定位[J].教育研究,2002,23(2):3-7,30.

[73] 李邦权.关于实施中学二部制的几点意见[J].人民教育,1954(9):31-32.

[74] 李恒庆,吴美娇.日本"学社融合"的若干理论问题探析[J].成人教育,2011,31(6):123-125.

[75] 李响.少年宫:远去的红色梦工厂[J].国家人文历史,2014(5):26-29.

[76] 李政涛.当代教育发展的"全社会教育"路向[J].教育研究,2020,41(6):4-13.

[77] 李锺珏.教育公民和家长教育学的兴起:家长实质性教育参与的形象重塑与学术策略[J].现代教育论丛,2022(1):5-25.

[78] 李相禹,彭茜.新制度主义视角下实施"三孩"生育政策及配套支持措施的制度分析[J].广州大学学报(社会科学版),2022,21(1):125-135.

[79] 李冬梅.日本校外培训机构与学校教育协同发展机制研究[J].比较教育研究,2022,44(3):37-44.

[80] 李静.俄罗斯儿童补充教育发展经验及启示[J].首都师范大学学报(社会科学版),2021(2):182-188.

[81] 刘登珲,卞冰冰.中小学课后服务的"课程化"进路[J].中国教育学刊,2021(12):11-15.

[82] 刘登珲.我国校外教育功能定位流变及其现代转向[J].湖南师范大学教育科学学报,2016,15(5):114-119.

[83] 刘登珲.转型的阵痛:新时期我国校外教育课程建设问题透视:对华东地区十二所校外教育机构的访谈分析[J].全球教育展望,2016,45(1):73-83.

[84] 刘怀玉.《空间的生产》的空间历史唯物主义观[J].武汉大学学报(人文科学版),2015,68(1):61-69.

[85] 刘钧燕.家庭校外培训需求动因及对落实"双减"政策的启示[J].全球教育展望,2021,50(11):85-98.

[86] 刘钧燕.青少年宫:打通家校社协同育人的"最后一公里"[J].群言,2021(9):26-28.

[87] 刘衍玲,臧原,张大均.家校合作研究评述[J].心理科学,2007,30(2):400-402.

[88] 刘云杉.教学空间的塑造[J].教育科学研究,2004(6):10-12.

[89] 龙书芹,风笑天.社会结构、参照群体与新生代农民工的不公平感[J].青年研究,2015(1):39-46.

[90] 罗燕."五唯"学术评价的制度分析:兼论反"五唯"后我国学术评价的制度取向[J].复旦教育论坛,2020,18(3):12-17.

[91] 罗燕.教育的新制度主义分析:一种教育社会学理论和实践[J].清华大学教育研究,2003,24(6):28-34,72.

[92] 马丽华,杨国军.公民馆与其他机构合作形态研究[J].日本问题研究,2008,22(2):33-37.

[93] 内江市第一小学.校外"小队之家"[J].四川教育,1959(10).

[94] 朋腾,肖甦.俄罗斯天才儿童补充教育的新型模式研究[J].比较教育研究,2020,42(9):37-44.

[95] 钱洁,陈汉民.家庭教育指导:急需个性化和科学化[J].教育科学研究,2018(5):18-20.

[96] 裘晓兰.从"结合"走向"融合":日本"学""社"关系的理论建构和实践经验[J].教育发展研究,2012,32(20):50-56.

[97] 任翠英,朱益明.美国21世纪社区学习中心计划述评[J].基础教育,2017,14(4):19-28.

[98] 任金涛.公办校外教育机构开展家庭教育指导服务的研究[J].教育观察,2021,10(15),40-42,88.

[99] 施克灿.浅析日本的"学社融合"论[J].外国教育研究,2002,29(9):6-10.

[100] 石艳,郭静宇.一所新学校的诞生:区域教育治理体系中的家长参与[J].苏州大学学报(教育科学版),2021,9(4):96-106.

[101] 孙立平.迈向实践的社会学[J].江海学刊,2002(3):84-90.

[102] 孙玉红,李广.工作坊:培养职前卓越教师的第三空间——基于东北师范大学培养小学卓越教师的实践[J].教育理论与实践,2018,38(2):27-29.

[103] 田友谊,李婧伟.互动仪式链理论视角下家校合作的困境与破解[J].中国电化教育,2022(7):97-103,114.

[104] 王东.论学校家庭教育指导工作的边界及其启示[J].中国教育学刊,2023(1):47-51.

[105] 王海平,康丽颖.少年宫教育与学校教育并协发展的轨迹:中国少年

宫教育变迁的新制度社会学分析[J].首都师范大学学报(社会科学版),2015(5):133-139.

[106] 王海平,康丽颖.知识社会学视野中的课程设置与实践:学校教育与校外教育的异同性分析[J].首都师范大学学报(社会科学版),2012(1):66-71.

[107] 王海平.推进家庭教育指导服务优质均衡发展:基于公立校外教育机构的探索[J].中国教育学刊,2021(9):33-37.

[108] 王晓艳.少年宫家委会建设路径探析[J].中国校外教育,2020(15):3-4.

[109] 王晓燕.日本校外教育发展的政策与实践[J].国家教育行政学院学报,2009(1):90-95.

[110] 王洋,孙志远.挽救放学后的童年:解析美国中小学课外计划[J].基础教育,2011,8(1):126-129,121.

[111] 魏晓东,于海波.美国青少年校外科学教育活动研究[J].科学与社会,2020,10(3):32-44.

[112] 吴重涵,王梅雾,张俊.教育跨界行动的制度化特征:对家校合作的经验分析[J].教育研究,2017,38(11),81-90.

[113] 吴重涵,张俊.制度化家校合作的内在动力、行动逻辑与实践路径:基于十年家校合作实验的回顾与反思[J].中国教育学刊,2021(9):68-75.

[114] 肖驰,Nazina Yulia.设立校外拔尖创新人才专门教育机构的俄罗斯经验及思考[J].全球教育展望,2023,52(4):87-97.

[115] 杨钋.经济不平等时代的校外教育参与[J].华东师范大学学报(教育科学版),2020,38(5):63-77.

[116] 杨清溪,邬志辉.义务教育学校课后服务落地难的堵点及其疏通对策[J].教育发展研究,2021,41(Z2):42-49.

[117] 杨小敏,赵海艳.寻找我们的童年:关于少年宫的历史记忆[J].基础教育课程,2009(10):26-30.

[118] 杨雄,刘程.关于学校、家庭、社会"三位一体"教育合作的思考[J].社会科学,2013(1):92-101.

[119] 杨雄.AI时代"教育内卷化"的根源与破解[J].探索与争鸣,2021(5):5-8.

[120] 余晖.家长专业化进程中的家庭教育指导的价值误区及其澄清[J].南京社会科学,2022(7):145-154.

[121] 郁建兴,任泽涛.当代中国社会建设中的协同治理:一个分析框架[J].学术月刊,2012(8):23-31.

[122] 袁德润,李政涛.基于"活动"主角地位的"双减"课后服务路径探析[J].教育学术月刊,2022(5):58-63.

[123] 张家军,鲍俊威.家长教育专业化的价值意蕴、当前困境与突破路径[J].教育理论与实践,2020,40(31):3-8.

[124] 张景斌,蔡春.教师教育中的合作共同体建设[J].教育科学研究,2012(1):24-27.

[125] 张俊,康丽颖,顾理澜.不只课程教学:教师家校社协同育人对儿童学业成就的作用研究[J].教育学术月刊,2023(4):11-18.

[126] 张立岩,姜君.俄罗斯补充教育的发展和特色探析[J].外国中小学教育,2011(1):52-56.

[127] 张文馨.城市化、居住分异与教育空间生产:0—3岁儿童照顾空间嬗变的一个分析框架[J].教育发展研究,2019,39(24):75-84.

[128] 张宇,钱逸秋,李文涛,等.工作坊:技术应用型人才培养的新模式[J].职业技术教育,2018,39(34):31-36.

[129] 张昱瑾.少年宫教育课程结构建设:内涵、问题与构想[J].全球教育展望,2016,45(7):41-50.

[130] 张增田,彭寿清.论教师教育共同体的三重意蕴[J].教育研究, 2012,33(11):93-97.

[131] 张志勇,赵阳,李婉颖.从"双减"试点看我国基础教育公共服务改革的未来走向[J].中国教育学刊,2022(11):54-59.

[132] 赵亮,倪娟.何以"收之桑榆":教师参与课后服务的损益补偿[J].教师教育研究,2023,35(3):44-49.

[133] 赵钱森,石艳.共同在场:家庭—学校互动时空的变革与出路[J].教育科学研究,2020(7):23-28.

[134] 赵薇.论新中国成立后街道校外教育的社会作用:以北京地区为中心(1949—1965)[J].唐都学刊,2014,30(2):95-97,109.

[135] 钟启泉,崔允漷,张华,等.为了每一个学生的发展:新世纪中国基础教育课程改革刍议[J].全球教育展望,2001,30(2):3-8.

[136] 周谊.近50年日本的社会教育经费及其使用效果[J].学术研究, 2004(4):122-124.

[137] 朱渊文,葛巧芳,葛锦文.校外教育"一核多站点"均衡发展模式的探索[J].浙江教育科学,2014(2):35-36.

[138] 董秀兰.美国21世纪社区学习中心计划研究[D].武汉:华中师范大学,2009.

[139] 李敏.美国教育政策问题研究:以20世纪80年代以来基础教育政策为例[D].上海:华东师范大学,2006.

[140] 石艳.我们的"异托邦":作为社会空间的学校[D].南京:南京师范大学,2008.

[141] 李玉贞.积极探索家庭教育与校外教育相结合的新型工作模式[C].全国妇联儿童工作部等.改革开放与家庭教育论坛文集,2008.

[142] 沈梅.发挥校外教育优势实现校外教育和家庭教育的融合[C].全国妇联儿童工作部等.改革开放与家庭教育论坛文集,2008.

[143] 杜岩岩. 俄罗斯儿童接受补充教育[N]. 中国教育报,2009-7-28.

[144] 高彦明. 俄罗斯和英国的校外教育[N]. 中国教育报,2004-2-4.

[145] 王东. 家校合作中的教师面临胜任力挑战[N]. 中国教育报,2018-03-08(9).

[146] 郜云雁,刘继源. 黄建明访谈:推动校外教育向着更高的目标发展[EB/OL]. (2014-07-21). http://www.jyb.cn/china/gnxw/201407/t20140721_591198.html.

[147] 教育部. 教师队伍建设新进展[EB/OL]. (2016-08-31). http://www.moe.gov.cn/jyb_xwfb/xw_fbh/moe_2069/xwfbh_2016n/xwfb_160831/160831_sfcl/201608/t20160831_277169.html.

[148] 教育部办公厅. 教育部办公厅关于推广学校落实"双减"典型案例的通知[EB/OL]. (2021-9-18). http://www.moe.gov.cn/srcsite/A06/s3321/202109/t20210926_567037.html.

[149] 教育部基础教育一司. 新闻发布会材料一:落实立德树人根本任务,努力开创中小学德育工作新局面[EB/OL]. (2017-1-18). http://www.moe.edu.cn/jyb_xwfb/xw_fbh/moe_2069/xwfbh_2016n/xwfb_160525/160525_sfcl/201605/t20160525_246113.html.

[150] 康丽颖:构建协同育人新格局健全协同育人新机制[EB/OL]. (2023-1-19). http://www.moe.gov.cn/jyb_xwfb/moe_2082/2023/2023_zl02/202301/t20230119_1039756.html.

[151] 列斐伏尔. 空间的生产(新版序言)[EB/OL]. (2017-1-2). http://www.ptext.cn/xsqy?id=152.

[152] 青年团中央. 关于组织不能升学的高小和初中学毕业生参加或准备参加劳动生产的指示[EB/OL]. (2014-1-15). http://www.ccyl.org.cn/695/gqt_tuanshi/gqt_ghlc/his_wx/his_wx_1950_1959/200704/t20070423_22221.htm.

[153] 王定华. 加强校外教育工作 促进青少年全面健康成长:教育部基础教育一司司长王定华就"蒲公英行动计划"答记者问[EB/OL]. (2014-7-16). https://www.fjjyxy.com/jcjylw/bqgz/content_39873.

[154] 王怿文,李涛."家长持证上岗",你准备好了吗[EB/OL]. (2021-07-09). http://www.xinhuanet.com/video/2021-07/09/c_1211233549.htm.

[155]《教师百科辞典》编委会. 教师百科辞典[Z]. 北京:社会科学文献出版社,1987.

二、英文参考文献

[1] KLEIBER D A, POWELL G M. Historical change in leisure activities during after-school hours [M]//MAHONEY J L. Organized activities as contexts of development: extracurricular activities, after-school and community programs. New Jersey: Lawrence Erlbaum associates. Inc. ,2005.

[2] NOAM G G, BIANCAROSA G, DECHAUSAY N. Afterschool education: approaches to an emerging field [M]. Cambridge: Harvard Education Press,2003.

[3] MAHONEY J L, et al. Organized Activities as Contexts of Development Extracurricular Activities, After-School and Community Programs[M]. New Jersey London: Awrence Erlbaum Associates, 2005.

[4] EPSTEIN J L, SHELDON S B. Necessary but Not Sufficient: The Role of Policy for Advancing Programs of School, Family, and Community Partnerships[J] The Russell Sage Foundation Journal of

the Social Sciences,2016(5):202-219.

[5] RAFFAELE L M, KNOFF H M. Improving Home-School Collaboration with Disadvantaged Families: Organizational Principles, Perspectives, and Approaches[J]. School Psychology Review,1999,28(3):448-466.

[6] NDLOVU M, SIMBA P. Quality elements of after-school programmes: A case study of two programmes in the Western Cape province of South Africa[J]. South African Journal of Education,2021,41(3):1-11.

[7] ZUCKER L G. The Role of Institutionalization in Cultural Persistence[J]. American Sociological Review. 1997,42(5):726.

[8] Afterschool Alliance. Afterschool Programs Open, But Still Recovering Post-Pandem-ic [EB/OL]. (2023 - 02). http://afterschoolalliance. org/documents/Afterschool-Programs-Open-But-Still-Recovering-Wave-8. pdf.

[9] Afterschool Alliance. Library and afterschool partnerships: How afterschool prov-iders are working together with public libraries[EB/OL]. (2017 - 09). http://afterschoolalliance. org/documents/STEM/Library-and-afterschool-partnerships. pdf.

[10] Afterschool Alliance. What Does the Research Say about Afterschool? [EB/OL] (2017-10-30). http://afterschoolalliance. org//documents/What_Does_the_Research_Say_About_Afterschool. pdf.

[11] BUSH G W. No Child Left Behind[EB/OL]. (2014-4-2). http://ishare. iask. sina. com. cn/download/explain. php? fileid=20315070.

[12] HELLER S B, et al. Thinking, Fast and Slow? Some Field Experiments to Reduce Crime and Dropout in Chicago[EB/OL].

(2020-3-20). http://www.nber.org/papers/w21178.

[13] COLEMAN J S, et al. Equality of Educational Opportunity[R]. Washington: U. S. Government Printing Office, 1966.

[14] Bureau of Family and Community Outreach. Request for Application (RFA) for Discretionary, Continuation Projects[Z]. Tallahassee: Florida Department of Education, 2020.

[15] MEYER H-D, ROWAN B. The new institutionalism in education, State University of New York, 2006.